U1010012

（宋）朱熹　集注

宋本孟子集注

第五册

國家圖書館出版社

第五册目録

孟子卷第十三

盡心章句上　　朱熹集注

凡四十六章

孟子曰盡其心者知其性也知其性則知天矣

心者人之神明所以具衆理而應萬事者也性則心之所具之理而天又理之所從以出者也人有是心莫非

全體然不窮理則有所蔽而無以盡
乎此心之量故能極其心之全體而
無不盡者必其能窮夫理而無不知
者也既知其理則其所從出亦不外
是矣以大學之序言之知性則物格
之謂盡心則知至之謂也
存其心養其性所以事天也
存謂操而不舍養謂順而不害事則

奉承而不違也

殀壽不貳脩身以俟之所以立命也

殀壽命之短長也貳疑也不貳者知天之至脩身以俟死則事天以終身也立命謂全其天之所付不以人為害之○程子曰心也性也天也一理也自理而言謂之天自禀受而言謂之性自存諸人而言謂之心○張子

曰由太虛有天之名由氣化有道之名合虛與氣有性之名合性與知覺有心之名愚謂盡心知性而知天所以造其理也存心養性以事天所以履其事也不知其理固不能履其事然徒造其理而不履其事則亦無以有諸已矣知天而不以殀壽貳其心智之盡也事天而能脩身以俟死仁

之至也智有不盡固不知所以爲仁
然智而不仁則亦將流蕩不法而不
足以爲智矣
孟子曰莫非命也順受其正
人物之生吉凶禍福皆天所命然惟
莫之致而至者乃爲正命故君子脩
身以俟之所以順受乎此也
是故知命者不立乎巖牆之下

命謂正命巖牆牆之將覆者知正命則不處危地以取覆壓之禍

盡其道而死者正命也

盡其道則所值之吉凶皆莫之致而至者矣

桎梏死者非正命也

桎梏所以拘罪人者言犯罪而死與立巖牆之下者同皆人所取非天所

爲也○此章與上章蓋一時之言所
以發其末句未盡之意
孟子曰求則得之舍則失之是求有益
於得也求在我者也
舍上聲○在我者謂仁義禮智凡性
之所有者
求之有道得之有命是求無益於得也
求在外者也

有道言不可妄求有命則不可必得
在外者謂富貴利達凡外物皆是。
趙氏曰言爲仁由已富貴在天如不
可求從吾所好
孟子曰萬物皆備於我矣
此言理之本然也大則君臣父子小
則事物細微其當然之理無一不具
於性分之内也

反身而誠樂莫大焉

樂音洛○誠實也言反諸身而所備之理皆如惡惡臭好好色之實然則其行之不待勉強而無不利矣其爲樂孰大於是

強恕而行求仁莫近焉

強上聲○強勉強也恕推己以及人也反身而誠則仁矣其有未誠則是

猶有私意之隔而理未純也故當凡事勉強推己及人庶幾心公理得而仁不遠也○此章言萬物之理具於吾身體之而實則道在我而樂有餘行之以恕則私不容而仁可得

孟子曰行之而不著焉習矣而不察焉終身由之而不知其道者衆也

著者知之明察者識之精言方行之

而不能明其所當然既習矣而猶不識其所以然所以終身由之而不知其道者多也

孟子曰人不可以無恥無恥之恥無恥矣

趙氏曰人能恥己之無所恥是能改行從善之人終身無復有恥辱之累矣

孟子曰恥之於人大矣

恥者吾所固有羞惡之心也存之則進於聖賢失之則入於禽獸故所繫爲甚大

爲機變之巧者無所用恥焉

爲機械變詐之巧者所爲之事皆人所深恥而彼方且自以爲得計故無所用其愧恥之心也

不恥不若人何若人有
但無恥一事不如人則事事不如人
矣或曰不恥其不如人則何能有如
人之事其義亦通○或問人有恥不
能之心如何○程子曰恥其不能而
爲之可也恥其不能而掩藏之不可
也
孟子曰古之賢王好善而忘勢古之賢

士何獨不然樂其道而忘人之勢故王公不致敬盡禮則不得亟見之見且由不得亟而況得而臣之乎

好去聲樂音洛亟去吏反○言君當屈己以下賢士不枉道而求利二者勢若相反而實則相成蓋亦各盡其道而已

孟子謂宋句踐曰子好遊乎吾語子遊

句音鈎好語皆去聲○宋姓句踐名
遊遊說也
人知之亦囂囂人不知亦囂囂
趙氏曰囂囂自得無欲之貌
曰何如斯可以囂囂矣曰尊德樂義則
可以囂囂矣
樂音洛○德謂所得之善尊之則有
以自重而不慕乎人爵之榮義謂所

守之正樂之則有以自安而不徇乎
外物之誘也
故士窮不失義達不離道
離力智反○言不以貧賤而移不以
富貴而淫此尊德樂義見於行事之
實也
窮不失義故士得已焉達不離道故民
不失望焉

得已言不失已也民不失望言人素
望其興道致治而今果如所望也
古之人得志澤加於民不得志脩身見
於世窮則獨善其身達則兼善天下
見音現○見謂名實之顯著也此又
言士得已民不失望之實○此章言
内重而外輕則無往而不善
孟子曰待文王而後興者凡民也若夫

豪傑之士雖無文王猶興
夫音扶。興者感動奮發之意凡民
庸常之人也豪傑有過人之才知者
也蓋降衷秉彜人所同得唯上智之
資無物欲之蔽爲能無待於教而自
能感發以有爲也
孟子曰附之以韓魏之家如其自視欿
然則過人遠矣

歛音坎○附益也韓魏晉卿富家也歛然不自滿之意○尹氏曰言有過人之識則不以富貴爲事

孟子曰以佚道使民雖勞不怨以生道殺民雖死不怨殺者

程子曰以佚道使民謂本欲佚之也播穀乘屋之類是也以生道殺民謂本欲生之也除害去惡之類是也蓋

不得已而爲其所當爲則雖咈民之
欲而民不怨其不然者反是
孟子曰霸者之民驩虞如也王者之民
皞皞如也
皞胡老反○驩虞與歡娛同皞皞廣
大自得之貌○程子曰驩虞有所造
爲而然豈能久也耕田鑿井帝力何
有於我如天之自然乃王者之政○

楊氏曰所以致人驩虞必有違道干
譽之事若王者則如天亦不令人喜
亦不令人怒
殺之而不怨利之而不庸民日遷善而
不知爲之者
此所謂皥皥如也庸功也○豐氏曰
因民之所惡而去之非有心於殺之
也何怨之有因民之所利而利之非

有心於利之也何庸之有輔其性之
自然使自得之故民日遷善而不知
誰之所爲也
夫君子所過者化所存者神上下與天
地同流豈曰小補之哉
夫音扶。君子聖人之通稱也所過
者化身所經歷之處即人無不化如
舜之耕歷山而田者遜畔陶河濱而

器不苦窳也所存者神心所存主處便神妙不測如孔子之立斯立道斯行綏斯來動斯和莫知其所以然而然也是其德業之盛乃與天地之化同運並行舉一世而甄陶之非如霸者但小小補塞其罅漏而已此則王道之所以爲大而學者所當盡心也

孟子曰仁言不如仁聲之入人深也

程子曰仁言謂以仁厚之言加於民

仁聲謂仁聞謂有仁之實而爲衆所

稱道也此尤見仁德之昭著故其感

人尤深也

善政不如善教之得民也

政謂法度禁令所以制其外也教謂

道德齊禮所以格其心也

善政民畏之善教民愛之善政得民財

善教得民心

得民財者百姓足而君無不足也得民心者不遺其親不後其君也

孟子曰人之所不學而能者其良能也所不慮而知者其良知也

良者本然之善也○程子曰良知良能皆無所由乃出於天不係於人

孩提之童無不知愛其親者及其長也

無不知敬其兄也
長上聲下同○孩提二三歲之間知孩笑可提抱者也愛親敬長所謂良知良能者也
親親仁也敬長義也無他達之天下也
言親親敬長雖一人之私然達之天下無不同者所以爲仁義也
孟子曰舜之居深山之中與木石居與

鹿豕遊其所以異於深山之野人者幾希及其聞一善言見一善行若決江河沛然莫之能禦也

行去聲○居深山謂耕歷山時蓋聖人之心至虛至明渾然之中萬理畢具一有感觸則其應甚速而無所不通非孟子造道之深不能形容至此也

孟子曰無爲其所不爲無欲其所不欲
如此而已矣
李氏曰有所不爲不欲人皆有是心
也至於私意一萌而不能以禮義制
之則爲所不爲欲所不欲者多矣能
反是心則所謂擴充其羞惡之心者
而義不可勝用矣故曰如此而已矣
孟子曰人之有德慧術知者恒存乎疢

疢
知去聲疢丑刃反○德慧者德之慧術知者術之知疢疾猶災患也言人必有疢疾則能動心忍性增益其所不能也

獨孤臣孽子其操心也危其慮患也深故達

孤臣遠臣孽子庶子皆不得於君親

而常有疢疾者也達謂達於事理即

所謂德慧術知也

孟子曰有事君人者事是君則爲容悦

者也

阿徇以爲容逢迎以爲悦此鄙夫之

事妾婦之道也

有安社稷臣者以安社稷爲悦者也

言大臣之計安社稷如小人之務悦

其君眷眷於此而不忘也

有天民者達可行於天下而後行之者也

民者無位之稱以其全盡天理乃天之民故謂之天民必其道可行於天下然後行之不然則寧没世不見知而不悔不肯小用其道以徇於人也

○張子曰必功覆斯民然後出如伊

吕之徒

有大人者正己而物正者也

大人德盛而上下化之所謂見龍在田天下文明者○此章言人品不同略有四等容悅佞臣不足言安社稷則忠矣然猶一國之士也天民則非一國之士矣然猶有意也無意無必唯其所在而物無不化惟聖者能之

孟子曰君子有三樂而王天下不與存焉

樂音洛王與皆去聲下並同

父母俱存兄弟無故一樂也

此人所深願而不可必得者今既得之其樂可知

仰不愧於天俯不怍於人二樂也

程子曰人能克己則仰不愧俯不怍

心廣體胖其樂可知有息則餒矣得天下英才而教育之三樂也盡得一世明睿之才而以所樂乎己者教而養之則斯道之傳得之者衆而天下後世將無不被其澤矣聖人之心所願欲者莫大於此今既得之其樂爲如何哉

君子有三樂而王天下不與存焉

林氏曰此三樂者一係於天一係於人其可以自致者惟不愧不怍而已學者可不勉哉

孟子曰廣土衆民君子欲之所樂不存焉

樂音洛下同○地闢民聚澤可遠施故君子欲之然未足以爲樂也

中天下而立定四海之民君子樂之所

性不存焉

其道大行無一夫不被其澤故君子樂之然其所得於天者則不在是也

君子所性雖大行不加焉雖窮居不損焉分定故也

分去聲○分者所得於天之全體故不以窮達而有異

君子所性仁義禮智根於心其生色也

睟然見於面盎於背施於四體四體不
言而喻
睟音粹見音現盎烏浪反○上言所
性之分與所欲所樂不同此乃言其
蘊也仁義禮智性之四德也根本也
生發見也睟然清和潤澤之貌盎豐
厚盈溢之意施於四體謂見於動作
威儀之間也喻曉也四體不言而喻

言四體不待吾言而自能曉吾意也
蓋氣禀清明無物欲之累則性之四
德根本於心其積之盛則發而著見
於外者不待言而無不順也。程子
曰睟面盎背皆積盛致然四體不言
而喻惟有德者能之。此章言君子
固欲其道之大行然其所得於天者
則不以是而有所加損也

孟子曰伯夷辟紂居北海之濵聞文王作興曰盍歸乎來吾聞西伯善養老者大公辟紂居東海之濵聞文王作興曰盍歸乎來吾聞西伯善養老者天下有善養老則仁人以爲已歸矣

辟去聲下同大他蓋反。已歸謂已之所歸餘見前篇

五畝之宅樹牆下以桑匹婦蠶之則老

者足以衣帛矣五母雞二母彘無失其時老者足以無失肉矣百畝之田匹夫耕之八口之家足以無飢矣

衣去聲○此文王之政也一家養母雞五母彘二也餘見前篇

所謂西伯善養老者制其田里教之樹畜導其妻子使養其老五十非帛不煖七十非肉不飽不煖不飽謂之凍餒文

王之民無凍餒之老者此之謂也

田謂百畝之田里謂五畝之宅樹謂耕桑畜謂雞彘也○趙氏曰善養老者教導之使可以養其老耳非家賜而人益之也

孟子曰易其田疇薄其稅斂民可使富也

易斂皆去聲○易治也疇耕治之田

也
食之以時用之以禮財不可勝用也
勝音升○教民節儉則財用足也
民非水火不生活昏暮叩人之門户求
水火無弗與者至足矣聖人治天下使
有菽粟如水火菽粟如水火而民焉有
不仁者乎
焉於虔反○水火民之所急宜其愛

之而反不愛者多故也○尹氏曰言禮義生於富足民無常產則無常心矣

孟子曰孔子登東山而小魯登太山而小天下故觀於海者難爲水遊於聖人之門者難爲言

此言聖人之道大也東山蓋魯城東之高山而太山則又高矣此言所處

益高則其視下益小所見旣大則其小者不足觀也難爲水難爲言猶仁不可爲衆之意

觀水有術必觀其瀾日月有明容光必照焉

此言道之有本也瀾水之湍急處也明者光之體光者明之用也觀水之瀾則知其源之有本矣觀日月於容

光之隙無不照則知其明之有本矣

流水之爲物也不盈科不行君子之志

於道也不成章不達

言學當以漸乃能至也成章所積者

厚而文章外見也達者足於此而通

於彼也○此章言聖人之道大而有

本學之者必以其漸乃能至也

孟子曰雞鳴而起孳孳爲善者舜之徒

也
孳孳勸勉之意言雖未至於聖人亦是聖人之徒也

雞鳴而起孳孳爲利者蹠之徒也
蹠盜蹠也

欲知舜與蹠之分無他利與善之間也
程子曰言間者謂相去不遠所爭毫末耳善與利公私而已矣才出於善

便以利言也。楊氏曰舜蹠之相去遠矣而其分乃在利善之閒而已是豈可以不謹然講之不熟見之不明未有不以利爲義者又學者所當深察也或問雞鳴而起若未接物如何爲善。程子曰只主於敬便是爲善

孟子曰楊子取爲我拔一毛而利天下不爲也

爲我之爲去聲。○楊子名朱取者僅
足之意取爲我者僅足於爲我而已
不及爲人也列子稱其言曰伯成子
高不以一毫利物是也
墨子兼愛摩頂放踵利天下爲之
放上聲。○墨子名翟兼愛無所不愛
也摩頂摩突其頂也放至也
子莫執中執中爲近之執中無權猶執

一也
子莫魯之賢人也知楊墨之失中也
故度於二者之間而執其中近近道
也權稱錘也所以稱物之輕重而取
中也執中而無權則膠於一定之中
而不知變是亦執一而已矣○程子
曰中字最難識須是默識心通且試
言一廳則中央爲中一家則廳非中

而堂爲中一國則堂非中而國之中
爲中推此類可見矣又曰中不可執
也識得則事事物物皆有自然之中
不待安排安排著則不中矣
所惡執一者爲其賊道也舉一而廢百
也

惡爲皆去聲○賊害也爲我害仁兼
愛害義執中者害於時中皆舉一而

廢百者也○此章言道之所貴者中中之所貴者權○楊氏曰禹稷三過其門而不入苟不當其可則與墨子無異顏子在陋巷不改其樂苟不當其可則與楊氏無異子莫執爲我兼愛之中而無權鄉鄰有鬭而不知閉户同室有鬭而不知救之是亦猶執一耳故孟子以爲賊道禹稷顏回易

地則皆然以其有權也不然則是亦
楊墨而已矣
孟子曰飢者甘食渴者甘飲是未得飲
食之正也飢渴害之也豈惟口腹有飢
渴之害人心亦皆有害
口腹爲飢渴所害故於飲食不暇擇
而失其正味人心爲貧賤所害故於
富貴不暇擇而失其正理

人能無以飢渴之害爲心害則不及人不爲憂矣

人能不以貧賤之故而動其心則過人遠矣

孟子曰柳下惠不以三公易其介

介有分辨之意柳下惠進不隱賢必以其道遺佚不怨阨窮不憫直道事人至於三黜是其介也○此章言柳

下惠和而不流與孔子論夷齊不念舊惡意正相類皆聖賢微顯闡幽之意也

孟子曰有爲者辟若掘井掘井九軔而不及泉猶爲棄井也

辟讀作譬軔音刃與仞同○八尺爲仞言鑿井雖深然未及泉而止猶爲自棄其井也○呂侍講曰仁不如堯

孝不如舜學不如孔子終未入於聖
人之域終未至於天道未免爲半塗
而廢自棄前功也
孟子曰堯舜性之也湯武身之也五霸
假之也
堯舜天性渾全不假修習湯武脩身
體道以復其性五霸則假借仁義之
名以求濟其貪欲之私耳

久假而不歸惡知其非有也

惡平聲。○歸還也有實有也言竊其名以終身而不自知其非眞有或曰蓋歎世人莫覺其僞者亦通舊説久假不歸即爲眞有則誤矣。○尹氏曰性之者與道一也身之者履之也及其成功則一也五霸則假之而已是以功烈如彼其卑也

公孫丑曰伊尹曰予不狎于不順放太
甲于桐民大悅太甲賢又反之民大悅
予不狎于不順商書太甲篇文狎習
見也不順言太甲所爲不順義理也
餘見前篇
賢者之爲人臣也其君不賢則固可放
與
與平聲

孟子曰有伊尹之志則可無伊尹之志
則簒也
伊尹之志公天下以爲心而無一毫
之私者也
公孫丑曰詩曰不素餐兮君子之不耕
而食何也孟子曰君子居是國也其君
用之則安富尊榮其子弟從之則孝弟
忠信不素餐兮孰大於是

餐七丹反○詩魏國風伐檀之篇素
空也無功而食祿謂之素餐此與告
陳相彭更之意同
王子墊問曰士何事
墊丁念反○墊齊王之子也上則公
卿大夫下則農工商賈皆有所事而
士居其間獨無所事故王子問之也
孟子曰尚志

尚高尚也志者心之所之也士既未得行公卿大夫之道又不當爲農工商賈之業則高尚其志而已

曰何謂尚志曰仁義而已矣殺一無罪非仁也非其有而取之非義也居惡在仁是也路惡在義是也居仁由義大人之事備矣

惡平聲○非仁非義之事雖小不爲

而所居所由無不在於仁義此士所以尚其志也大人謂公卿大夫言士雖未得大人之位而其志如此則大人之事體用已全若小人之事則固非所當爲也

孟子曰仲子不義與之齊國而弗受人皆信之是舍簞食豆羹之義也人莫大焉亡親戚君臣上下以其小者信其大

者奚可哉

舍音捨食音嗣○仲子陳仲子也言仲子設若非義而與之齊國必不肯受齊人皆信其賢然此但小廉耳其辟兄離母不食君禄無人道之大倫罪莫大焉豈可以小廉信其大節而遂以爲賢哉

桃應問曰舜爲天子皋陶爲士瞽瞍殺

人則如之何
桃應孟子弟子也其意以爲舜雖愛父而不可以私害公皐陶雖執法而不可以刑天子之父故設此問以觀聖賢用心之所極非以爲眞有此事也
孟子曰執之而已矣
言皐陶之心知有法而已不知有天

子之父也
然則舜不禁與
與平聲。桃應問也
曰夫舜惡得而禁之夫有所受之也
夫音扶惡平聲。言皋陶之法有所
傳受非所敢私雖天子之命亦不得
而廢之也
然則舜如之何

桃應問也

曰舜視棄天下猶棄敝蹝也竊負而逃遵海濱而處終身訢然樂而忘天下

蹝音徙訢與欣同樂音洛○蹝草履也遵循也言舜之心知有父而已不知有天下也孟子嘗言舜視天下猶草芥而惟順於父母可以解憂與此意互相發○此章言爲士者但知有

法而不知天子父之爲尊爲子者但
知有父而不知天下之爲大蓋其所
以爲心者莫非天理之極人倫之至
學者察此而有得焉則不待較計論
量而天下無難處之事矣
孟子自范之齊望見齊王之子喟然歎
曰居移氣養移體大哉居乎夫非盡人
之子與

夫音扶與平聲○范齊邑居謂所處之位養奉養也言人之居處所繫甚大王子亦人子耳特以所居不同故所養不同而其氣體有異也

孟子曰

張鄒皆云羡文也

王子宮室車馬衣服多與人同而王子若彼者其居使之然也況居天下之廣

居者乎

廣居見前篇○尹氏曰睟然見於面盎於背居天下之廣居者然也

魯君之宋呼於垤澤之門守者曰此非吾君也何其聲之似我君也此無他居相似也

呼去聲○垤澤宋城門名也孟子又引此事爲證

孟子曰食而弗愛豕交之也愛而不敬獸畜之也

食音嗣畜許六反○交接也畜養也獸謂犬馬之屬

恭敬者幣之未將者也

將猶奉也詩曰承筐是將○程子曰恭敬雖因威儀幣帛而後發見然幣之未將時已有此恭敬之心非因幣

帛而後有也

恭敬而無實君子不可虛拘

此言當時諸侯之待賢者特以幣帛爲恭敬而無其實也拘留也

孟子曰形色天性也惟聖人然後可以踐形

人之有形有色無不各有自然之理所謂天性也踐如踐言之踐蓋衆人

有是形而不能盡其理故無以踐其形惟聖人有是形而又能盡其理然後可以踐其形而無歉也○程子曰此言聖人盡得人道而能充其形也蓋人得天地之正氣而生與萬物不同旣爲人須盡得人理然後稱其名衆人有之而不知賢人踐之而未盡能充其形惟聖人也○楊氏曰天生

烝民有物有則物者形色也則者性
也各盡其則則可以踐形矣
齊宣王欲短喪公孫丑曰爲朞之喪猶
愈於已乎
已猶止也
孟子曰是猶或紾其兄之臂子謂之姑
徐徐云爾亦教之孝弟而已矣
紾之忍反○紾戾也教之以孝弟之

道則彼當自知兄之不可戾而喪之
不可短矣○孔子曰子生三年然後
免於父母之懷乎也有三年之愛於
其父母乎所謂教之以孝弟者如此
蓋示之以至情之不能巳者非強之
也

王子有其母死者其傅爲之請數月之
喪公孫丑曰若此者何如也

爲去聲○陳氏曰王子所生之母死厭於嫡母而不敢終喪其傅爲請於王欲使得行數月之喪也時又適有此事丑問如此者是非何如按儀禮公子爲其母練冠麻衣縓緣既葬除之疑當時此禮已廢或既葬而未忍即除故請之也

曰是欲終之而不可得也雖加一日愈

於已謂夫莫之禁而弗爲者也

夫音扶○言王子欲終喪而不可得其傳爲請雖止得加一日猶勝不加我前所譏乃謂夫莫之禁而自不爲者耳○此章言三年通喪天經地義不容私意有所短長示之至情則不肖者有以企而及之矣

孟子曰君子之所以教者五

下文五者蓋因人品高下或相去遠
近先後之不同
有如時雨化之者
時雨及時之雨也草木之生播種封
殖人力已至而未能自化所少者雨
露之滋耳及此時而雨之則其化速
矣教人之妙亦由是也若孔子之於
顔曾是巳

有成德者有達財者

財與材同此各因其所長而教之者

也成德如孔子之於冉閔達財如孔

子之於由賜

有答問者

就所問而答之若孔孟之於樊遲萬

章也

有私淑艾者

艾音乂。私竊也淑善也艾治也人
或不能及門受業但聞君子之道於
人而竊以善治其身是亦君子教誨
之所及若孔孟之於陳亢夷之是也
孟子亦曰予未得爲孔子徒也予私
淑諸人也
此五者君子之所以教也
聖賢施教各因其材小以成小大以

成大無弃人也

公孫丑曰道則高矣美矣宜若登天然似不可及也何不使彼爲可幾及而日孳孳也

幾音機

孟子曰大匠不爲拙工改廢繩墨羿不爲拙射變其彀率

爲去聲彀古候反率音律。彀率彎

弓之限也言教人者皆有不可易之
法不容自貶以徇學者之不能也
君子引而不發躍如也中道而立能者
從之
引引弓也發發矢也躍如如踴躍而
出也因上文彀率而言君子教人但
授以學之之法而不告以得之之妙
如射者之引弓而不發矢然其所不

告者已如踊躍而見於前矣中者無過不及之謂中道而立言其非難非易能者從之言學者當自勉也○此章言道有定體教有成法卑不可抗高不可貶語不能顯默不能藏

孟子曰天下有道以道殉身天下無道以身殉道

殉如殉葬之殉以死隨物之名也身

出則道在必行道屈則身在必退以
死相從而不離也
未聞以道殉乎人者也
以道從人妾婦之道
公都子曰滕更之在門也若在所禮而
不答何也
更平聲○趙氏曰滕更滕君之弟來
學者也

孟子曰挾貴而問挾賢而問挾長而問
挾有勳勞而問挾故而問皆所不答也
滕更有二焉
長上聲○趙氏曰二謂挾貴挾賢也
○尹氏曰有所挾則受道之心不專
所以不答也○此言君子雖誨人不
倦又惡夫意之不誠者
孟子曰於不可已而已者無所不已於

所厚者薄無所不薄也

已止也不可止謂所不得不爲者也

所厚所當厚者也此言不及者之弊

其進銳者其退速

進銳者用心太過其氣易衰故退速

○三者之弊理勢必然雖過不及之

不同然卒同歸於廢弛

孟子曰君子之於物也愛之而弗仁於

民也仁之而弗親親親而仁民仁民而愛物

物謂禽獸草木愛謂取之有時用之有節。程子曰仁推己及人如老吾老以及人之老於民則可於物則不可統而言之則皆仁分而言之則有序。楊氏曰其分不同故所施不能無差等所謂理一而分殊者也。尹

氏曰何以有是差等一本故也無僞
也
孟子曰知者無不知也當務之爲急仁
者無不愛也急親賢之爲務堯舜之知
而不徧物急先務也堯舜之仁不徧愛
人急親賢也
知者之知並去聲。知者固無不知
然常以所當務者爲急則事無不治

而其爲知也大矣仁者固無不愛然常急於親賢則恩無不洽而其爲仁也博矣

不能三年之喪而緦小功之察放飯流歠而問無齒決是之謂不知務

飯扶晚反歠昌悅反。三年之喪服之重者也緦麻三月小功五月服之輕者也察致詳也放飯大飯流歠長歠不敬之大者也齒決齧斷乾肉不敬之小者也問講求之意。此章言君子之於道識其全體則心不狹知所先後則事有序。豐氏曰智不急於先務雖徧知人之所知徧能人之所能徒弊精神而無益於天下之治矣仁不急於親賢雖有仁民愛物之心小人在位無由下達聰明日蔽於

上而惡政日加於下此孟子所謂不知務也

孟子卷第十三

孟子卷第十四　朱熹集注

盡心章句下

凡三十八章

孟子曰不仁哉梁惠王也仁者以其所愛及其所不愛不仁者以其所不愛及其所愛

親親而仁民仁民而愛物所謂以其所愛及其所不愛也

公孫丑曰何謂也梁惠王以土地之故
糜爛其民而戰之大敗將復之恐不能
勝故驅其所愛子弟以殉之是之謂以
其所不愛及其所愛也
梁惠王以下孟子答辭也糜爛其民
使之戰鬬糜爛其血肉也復之復戰
也子弟謂太子申也以土地之故及
其民以民之故及其子皆以其所不

愛及其所愛也○此承前篇之末三章之意言仁人之恩自内及外不仁之禍由疏逮親

孟子曰春秋無義戰彼善於此則有之矣

春秋每書諸侯戰伐之事必加譏貶以著其擅興之罪無有以爲合於義而許之者但就中彼善於此者則有

之如召陵之師之類是也
征者上伐下也敵國不相征也
征所以正人也諸侯有罪則天子討
而正之此春秋所以無義戰也
孟子曰盡信書則不如無書
程子曰載事之辭容有重稱而過其
實者學者當識其義而已苟執於辭
則時或有害於義不如無書之愈也

吾於武成取二三策而已矣

武成周書篇名武王伐紂歸而記事之書也策竹簡也取其二三策之言其餘不可盡信也○程子曰取其奉天伐暴之意反政施仁之法而已

仁人無敵於天下以至仁伐至不仁而何其血之流杵也

杵舂杵也或作鹵楯也武成言武王

伐紂紂之前徒倒戈攻于後以此血流漂杵孟子言此則其不可信者然書本意乃謂商人自相殺非謂武王殺之也孟子之設是言懼後世之惑且長不仁之心耳

孟子曰有人曰我善爲陳我善爲戰大罪也

陳去聲○制行伍曰陳交兵曰戰

國君好仁天下無敵焉
好去聲
南面而征北狄怨東面而征西夷怨曰
奚爲後我
此引湯之事以明之解見前篇
武王之伐殷也革車三百兩虎賁三千
人
兩去聲賁音奔○又以武王之事明

之也兩車數一車兩輪也千書序作
百
王曰無畏寧爾也非敵百姓也若崩厥
角稽首
書泰誓文與此小異孟子之意當云
王謂商人曰無畏我也我來伐紂本
爲安寧汝非敵商之百姓也於是商
人稽首至地如角之崩也

征之爲言正也各欲正己也焉用戰

焉於虔反○民爲暴君所虐皆欲仁者來正己之國也

孟子曰梓匠輪輿能與人規矩不能使人巧

尹氏曰規矩法度可告者也巧則在其人雖大匠亦末如之何也已蓋下學可以言傳上達必由心悟莊周所

論斷輪之意蓋如此
孟子曰舜之飯糗茹草也若將終身焉
及其爲天子也被袗衣鼓琴二女果若
固有之
飯上聲糗去久反茹音汝袗之忍反
果說文作婐烏果反○飯食也糗乾
糒也茹亦食也袗畫衣也二女堯二
女也果女侍也言聖人之心不以貧

賤而有慕於外不以富貴而有動於中隨遇而安無預於己所性分定故也

孟子曰吾今而後知殺人親之重也殺人之父人亦殺其父殺人之兄人亦殺其兄然則非自殺之也一間耳

間去聲○言吾今然後知者必有所爲而感發也一間者我往彼來間一

人耳其實與自害其親無異也。范氏曰知此則愛敬人之親人亦愛敬其親矣

孟子曰古之爲關也將以禦暴

譏察非常

今之爲關也將以爲暴

征稅出入。范氏曰古之耕者什一後世或收太半之稅此以賦斂爲暴

也文王之囿與民同之齊宣王之囿
爲阱國中此以園囿爲暴世後世爲
暴不止於闢若使孟子用於諸侯必
行文王之政凡此之類皆不終日而
改也
孟子曰身不行道不行於妻子使人不
以道不能行於妻子
身不行道者以行言之不行者道不

行也使人不以道者以事言之不能
行者令不行也
孟子曰周于利者凶年不能殺周于德
者邪世不能亂
周足也言積之厚則用有餘
孟子曰好名之人能讓千乘之國苟非
其人簞食豆羹見於色
好乘食皆去聲見音現○好名之人

矯情干譽是以能遜千乘之國然若
本非能輕富貴之人則於得失之小
者反不覺其眞情之發見矣蓋觀人
不於其所勉而於其所忽然後可以
見其所安之實也

孟子曰不信仁賢則國空虛

空虛言若無人然

無禮義則上下亂

禮義所以辨上下定民志
無政事則財用不足
生之無道取之無度用之無節故也
○尹氏曰三者以仁賢爲本無仁賢
則禮義政事處之皆不以其道矣
孟子曰不仁而得國者有之矣不仁而
得天下未之有也
言不仁之人騁其私智可以盜千乘

之國而不可以得丘民之心。○鄒氏
曰自秦以來不仁而得天下者有矣
然皆一再傳而失之猶不得也所謂
得天下者必如三代而後可

孟子曰民爲貴社稷次之君爲輕

社土神稷穀神建國則立壇壝以祀
之蓋國以民爲本社稷亦爲民而立
而君之尊又係於二者之存亡故其

輕重如此
是故得乎丘民而爲天子得乎天子爲
諸侯得乎諸侯爲大夫
丘民田野之民至微賤也然得其心
則天下歸之天子至尊貴也而得其
心者不過爲諸侯耳是民爲重也
諸侯危社稷則變置
諸侯無道將使社稷爲人所滅則當

更立賢君是君輕於社稷也
犧牲既成粢盛既潔祭祀以時然而旱
乾水溢則變置社稷
盛音成○祭祀不失禮而土穀之神
不能爲民禦災捍患則毀其壇壝而
更置之亦年不順成八蜡不通之意
是社稷雖重於君而輕於民也
孟子曰聖人百世之師也伯夷柳下惠

是也故聞伯夷之風者頑夫廉懦夫有立志聞柳下惠之風者薄夫敦鄙夫寬奮乎百世之上句百世之下聞者莫不興起也非聖人而能若是乎而況於親炙之者乎、

興起感動奮發也親炙親近而熏炙之也餘見前篇

孟子曰仁也者人也合而言之道也

仁者人之所以爲人之理也然仁理也人物也以仁之理合於人之身而言之乃所謂道者也○程子曰中庸所謂率性之謂道是也○或曰外國本人也之下有義也者宜也禮也者履也智也者知也信也者實也凡二十字今按如此則理極分明然未詳其是否也

孟子曰孔子之去魯曰遲遲吾行也去父母國之道也去齊接淅而行去他國之道也

重出

孟子曰君子之戹於陳蔡之閒無上下之交也

君子孔子也戹與厄同君臣皆惡無所與交也

貉稽曰稽大不理於口

貉音陌○趙氏曰貉姓稽名爲衆口所訕理賴也今按漢書無俚方言亦訓賴

孟子曰無傷也士憎兹多口

趙氏曰爲士者益多爲衆口所訕按此則憎當從土今本皆從心蓋傳寫之誤

詩云憂心悄悄慍于群小孔子也肆不
殄厥慍亦不殞厥問文王也
詩邶風柏舟及大雅緜之篇也悄悄
憂貌慍怒也本言衛之仁人見怒於
群小孟子以爲孔子之事可以當之
肆發語辭殞墜也問聲問也本言太
王事昆夷雖不能殄絶其慍怒亦不
自墜其聲問之美孟子以爲文王之

事可以當之。○尹氏曰言人願自處如何盡其在我者而已

孟子曰賢者以其昭昭使人昭昭今以其昏昏使人昭昭

昭昭明也昏昏闇也。○尹氏曰大學之道在自昭明德而施於天下國家其有不順者寡矣

孟子謂髙子曰山徑之蹊閒句介然用

之而成路句爲間不用則茅塞之矣今
茅塞子之心矣
介音戛。徑小路也蹊人行處也介
然倏然之頃也用由也路大路也爲
間少頃也茅塞茅草生而塞之也言
理義之心不可少有間斷也
高子曰禹之聲尚文王之聲
尚如尚也。豐氏曰言禹之樂過於文

王之樂

孟子曰何以言之曰以追蠡

追音堆蠡音禮○豐氏曰追鐘紐也周禮所謂旋蟲是也蠡者齧木蟲也言禹時鐘在者鐘紐如蟲齧而欲絶蓋用之者多而文王之鐘不然是以知禹之樂過於文王之樂也

曰是奚足哉城門之軌兩馬之力與

輿平聲○豐氏曰奚足言此何足以知之也軌車轍迹也兩馬一車所駕也城中之途容九軌車可散行故其轍迹淺城門惟容一車車皆由之故其轍迹深蓋日久車多所致非一車兩馬之力能使之然也言禹在文王前千餘年故鐘久而紐絕文王之鐘則未久而紐全不可以此而議優劣

也○此章文義本不可曉舊說相承
如此而豐氏差明白故今存之亦未
知其是否也
齊饑陳臻曰國人皆以夫子將復為發
棠殆不可復
復扶又反○先時齊國嘗饑孟子勸
王發棠邑之倉以振貧窮至此又饑
陳臻問言齊人望孟子復勸王發棠

而又自言恐其不可也
孟子曰是爲馮婦也晉人有馮婦者善
搏虎卒爲善士則之野有衆逐虎虎負
嵎莫之敢攖望見馮婦趨而迎之馮婦
攘臂下車衆皆悅之其爲士者笑之
手執曰搏卒爲善士後能改行爲善
也之適也負依也山曲曰嵎攖觸也
笑之笑其不知止也疑此時齊王已

不能用孟子而孟子亦將去矣故其言如此

孟子曰口之於味也目之於色也耳之於聲也鼻之於臭也四枝之於安佚也性也有命焉君子不謂性也

程子曰五者之欲性也然有分不能皆如其願則是命也不可謂我性之所有而求必得之也愚按不能皆如

其願不止爲貧賤蓋雖富貴之極亦有品節限制則是亦有命也仁之於父子也義之於君臣也禮之於賓主也智之於賢者也聖人之於天道也命也有性焉君子不謂命也程子曰仁義禮智天道在人則賦於命者所禀有厚薄清濁然而性善可學而盡故不謂之命也。張子曰晏

嬰智矣而不知仲尼是非命耶愚按
所禀者厚而清則其仁之於父子也
至義之於君臣也盡禮之於賓主也
恭智之於賢否也哲聖人之於天道
也無不脗合而純亦不已焉薄而濁
則反是是皆所謂命也或曰者當作
否人衍字更詳之○愚聞之師曰此
二條者皆性之所有而命於天者

也然世之人以前五者爲性雖有不得而必欲求之以後五者爲命一有不至則不復致力故孟子各就其重處言之以伸此而抑彼也張子所謂養則付命於天道則責成於己其言約而盡矣

浩生不害問曰樂正子何人也孟子曰善人也信人也

趙氏曰浩生姓不害名齊人也

何謂善何謂信

不害問也

曰可欲之謂善

天下之理其善者必可欲其惡者必可惡其爲人也可欲而不可惡則可謂善人矣

有諸己之謂信

凡所謂善皆實有之如惡惡臭如好好色是則可謂信人矣。張子曰志仁無惡之謂善誠善於身之謂信

充實之謂美

力行其善至於充滿而積實則美在其中而無待於外矣

充實而有光輝之謂大

和順積中而英華發外美在其中而

暢於四支發於事業則德業至盛而不可加矣

大而化之之謂聖

大而能化使其大者泯然無復可見之迹則不思不勉從容中道而非人力之所能爲矣。張子曰大可爲也化不可爲也在熟之而已矣

聖而不可知之之謂神

程子曰聖不可知謂聖之至妙人所不能測非聖人之上又有一等神人也

樂正子二之中四之下也

蓋在善信之閒觀其從於子敖則其有諸己者或未實也。張子曰顏淵樂正子皆知好仁矣樂正子志仁無惡而不致於學其所以但爲善人信人而已顏子好學不倦合仁與智具體聖人獨未至聖人之止耳○程子曰士之所難者在有諸己而已能有諸己則居之安資之深而美且大可以馴致矣徒知可欲之善而若存若亡而已則能不受變於俗者鮮矣○尹氏曰自可欲之善至於聖而不可知之神上下一理擴充之至於神則不

可得而名矣

孟子曰逃墨必歸於楊逃楊必歸於儒歸斯受之而已矣

墨氏務外而不情楊氏太簡而近實故其反正之漸大略如此歸斯受之者閔其陷溺之久而取其悔悟之新也

今之與楊墨辯者如追放豚既入其苙

又從而招之

放豚放逸之豕豚也苙闌也招罥也羈其足也言彼既來歸而又追咎其既往之失也○此章見聖賢之於異端距之甚嚴而於其來歸待之甚恕距之嚴故人知彼說之爲邪待之恕故人知此道之可反仁之至義之盡也

孟子曰有布縷之征粟米之征力役之征君子用其一緩其二用其二而民有殍用其三而父子離

征賦之法歲有常數然布縷取之於夏粟米取之於秋力役取之於冬當各以其時若并取之則民力有所不堪矣今兩稅三限之法亦此意也。

尹氏曰言民爲邦本取之無度則其

國危矣
孟子曰諸侯之寶三土地人民政事寶
珠玉者殃必及身
尹氏曰言寶得其寶者安寶失其寶
者危
盆成括仕於齊孟子曰死矣盆成括盆
成括見殺門人問曰夫子何以知其將
見殺曰其爲人也小有才未聞君子之

大道也則足以殺其軀而已矣
盆成姓括名也恃才妄作所以取禍
○徐氏曰君子道其常而已括有死
之道焉設使幸而獲免孟子之言猶
信也
孟子之滕館於上宮有業屨於牖上館
人求之弗得
館舍也上宮別宮名業屨織之有次

業而未成者蓋館人所作置之牖上

而失之也

或問之曰若是乎從者之廋也曰子以

是爲竊屨來與曰殆非也夫子之設科

也往者不追來者不距苟以是心至斯

受之而已矣

從爲去聲與平聲夫子如字舊讀爲

扶余者非○或問之者問於孟子也

廋匿也言子之從者乃匿人之物如此乎孟子答之而或人自悟其失因言此從者固不爲竊屨而來但夫子設置科條以待學者苟以向道之心而來則受之耳雖夫子亦不能保其往也門人取其言有合於聖賢之指故記之

孟子曰人皆有所不忍達之於其所忍

仁也人皆有所不爲達之於其所爲義
也
惻隱羞惡之心人皆有之故莫不有
所不忍不爲此仁義之端也然以氣
質之偏物欲之蔽則於他事或有不
能者但推所能達之於所不能則無
非仁義矣
人能充無欲害人之心而仁不可勝用

也人能充無穿踰之心而義不可勝用
也
勝平聲○充滿也穿穿穴踰踰墻皆
爲盜之事也能推所不忍以達於所
忍則能滿其無欲害人之心而無不
仁矣能推其所不爲以達於所爲則
能滿其無穿踰之心而無不義矣
人能充無受爾汝之實無所往而不爲

義也

此申說上文充無穿踰之心之意也蓋爾汝人所輕賤之稱人雖或有所貪昧隱忍而甘受之者然其中心必有慚忿而不肯受之之實人能即此而推之使其充滿無所虧缺則無適而非義矣

士未可以言而言是以言餂之也可以

言而不言是以不言餂之也是皆穿踰之類也

餂音忝○餂探取之也今人以舌取物曰餂即此意也便佞隱默皆有意探取於人是亦穿踰之類然其事隱微人所忽易故特舉以見例明必推無穿踰之心以達於此而悉去之然後爲能充其無穿踰之心也

孟子曰言近而指遠者善言也守約而施博者善道也君子之言也不下帶而道存焉

施去聲○古人視不下於帶則帶之上乃目前常見至近之處也舉目前之近事而至理存焉所以爲言近而指遠也

君子之守脩其身而天下平

此所謂守約而施愽也
人病舍其田而芸人之田所求於人者
重而所以自任者輕
舍音捨。此言不約守而務愽施之
病
孟子曰堯舜性者也湯武反之也
性者得全於天無所汙壞不假脩爲
聖之至也反之者脩爲以復其性

而至於聖人也○程子曰性之反之古未有此語蓋自孟子發之○呂氏曰無意而安行性也有意利行而至於無意復性者也堯舜不失其性湯武善反其性及其成功則一也

動容周旋中禮者盛德之至也哭死而哀非爲生者也經德不回非以干祿也言語必信非以正行也

行去聲○曲折無不中禮乃其盛德之至自然而中而非有意於中也經常也回曲也三者亦皆自然而然非有意而爲之也皆聖人之事性之之德也

君子行法以俟命而已矣

法者天理之當然者也君子行之而吉凶禍福有所不計蓋雖未至於自

然而已非有所爲而爲矣此丕乂之之事董子所謂正其義不謀其利明其道不計其功正此意也○程子曰動容周旋中禮者盛德之至行法以俟命者朝聞道夕死可矣之意也○呂氏曰法由此立命由此出聖人也行法以俟命君子也聖人性之君子所以復其性

孟子曰說大人則藐之勿視其巍巍然

說音稅藐音眇○趙氏曰大人當時尊貴者也藐輕之也巍巍富貴高顯之貌藐藐焉而不畏之則志意舒展言語得盡也

堂高數仞榱題數尺我得志弗爲也食前方丈侍妾數百人我得志弗爲也般樂飲酒驅騁田獵後車千乘我得志弗

爲也在彼者皆我所不爲也在我者皆古之制也吾何畏彼哉

榱題危反般音盤樂音洛乘去聲。榱桷也題頭也食前方丈饌食列於前者方一丈也此皆其所謂巍巍然者我雖得志有所不爲而所守者皆古聖賢之法則彼之巍巍者何足道哉。楊氏曰孟子此章以己之長方

人之短猶有此等氣象在孔子則無
此矣
孟子曰養心莫善於寡欲其爲人也寡
欲雖有不存焉者寡矣其爲人也多欲
雖有存焉者寡矣
欲如口鼻耳目四支之欲雖人之所
不能無然多而不節未有不失其本
心者學者所當深戒也○程子曰所

欲不必沉溺只有所向便是欲

曾晳嗜羊棗而曾子不忍食羊棗

羊棗實小黑而圓又謂之羊矢棗曾

子以父嗜之父没之後食必思親故

不忍食也

公孫丑問曰膾炙與羊棗孰美孟子曰

膾炙哉公孫丑曰然則曾子何爲食膾

炙而不食羊棗曰膾炙所同也羊棗所

獨也諱名不諱姓姓所同也名所獨也
肉聶而切之爲膾炙炙肉也
萬章問曰孔子在陳曰盍歸乎來吾黨
之士狂簡進取不忘其初孔子在陳何
思魯之狂士
盍何不也狂簡謂志大而略於事進
取謂求望高遠不忘其初謂不能改
其舊也此語與論語小異

孟子曰孔子不得中道而與之必也狂獧乎狂者進取獧者有所不爲也孔子豈不欲中道哉不可必得故思其次也

獧音絹○不得中道至有所不爲據論語亦孔子之言然則孔子字下當有曰字論語道作行獧作狷有所不爲者知恥自好不爲不善之人也孔子豈不欲中道以下孟子言也

敢問何如斯可謂狂矣

萬章問

曰如琴張曾晳牧皮者孔子之所謂狂矣

琴張名牢字子張子桑戶死琴張臨其喪而歌事見莊子雖未必盡然要必有近似者曾晳見前篇季武子死曾晳倚其門而歌事見檀弓又言志

異乎三子者之撰事見論語牧皮未
詳
何以謂之狂也
萬章問
曰其志嘐嘐然曰古之人古之人夷考
其行而不掩焉者也
嘐火交反行去聲○嘐嘐志大言大
也重言古之人見其動輒稱之不一

稱而已也夷平也掩覆也言平考其
行則不能覆其言也。程子曰曾晳
言志而夫子與之蓋與聖人之志同
便是堯舜氣象也特行有不掩焉耳
此所謂狂也
狂者又不可得欲得不屑不潔之士而
與之是獧也是又其次也
此因上文所引遂解所以思得獧者

之意狂有志者也獧有守者也有志
者能進於道有守者不失其身屑絜
也
孔子曰過我門而不入我室我不憾焉
者其惟鄉原乎鄉原德之賊也曰何如
斯可謂之鄉原矣
鄉人非有識者原與愿同荀子原愨
字皆讀作愿謂謹愿之人也故鄉里

所謂愿人謂之鄉原孔子以其似德
而非德故以爲德之賊過門不入而
不恨之以其不見親就爲幸深惡而
痛絶之也萬章又引孔子之言而問
也
曰何以是嘐嘐也言不顧行行不顧言
則曰古之人古之人行何爲踽踽涼涼
生斯世也爲斯世也善斯可矣閹然媚

於世也者是鄉原也

行去聲踽其禹反闔音奄○踽踽獨行不進之貌涼涼薄也不見親厚於人也鄉原譏狂者曰何用如此嘐嘐然行不掩其言而徒每事必稱古人耶又譏狷者曰何必如此踽踽涼涼無所親厚哉人旣生於此世則當但爲此世之人使當世之人皆以爲善

則可矣此鄉原之志也閹如奄人之
奄閉藏之意也媚求悅於人也孟子
言此深自閉藏以求親媚於世是鄉
原之行也
萬章曰一鄉皆稱原人焉無所往而不
爲原人孔子以爲德之賊何哉
愿亦謹厚之稱而孔子以爲德之賊
故萬章疑之

曰非之無舉也刺之無刺也同乎流俗合乎汙世居之似忠信行之似廉潔衆皆悅之自以爲是而不可與入堯舜之道故曰德之賊也

呂侍講曰言此等之人欲非之則無可舉欲刺之則無可刺也流俗者風俗頹靡如水之下流衆莫不然也汙濁也非忠信而似忠信非廉潔而似

廉潔

孔子曰惡似而非者惡莠恐其亂苗也惡佞恐其亂義也惡利口恐其亂信也惡鄭聲恐其亂樂也惡紫恐其亂朱也惡鄉原恐其亂德也

惡去聲莠音有○孟子又引孔子之言以明之莠似苗之草也佞才智之稱其言似義而非義也利口多言而

不實者也鄭聲淫樂也樂正樂也紫
間色朱正色也鄉原不狂不獧人皆
以爲善有似乎中道而實非也故恐
其亂德
君子反經而已矣經正則庶民興庶民
興斯無邪慝矣
反復也經常也萬世不易之常道也
興興起於善也邪慝如鄉原之屬是

也世衰道微大經不正故人人得爲
異說以濟其私而邪慝並起不可勝
正君子於此亦復其常道而已常道
旣復則民興於善而是非明白無所
回互雖有邪慝不足以惑之矣○尹
氏曰君子取夫狂獧者蓋以狂者志
大而可與進道獧者有所不爲而可
與有爲也所惡於鄉原而欲痛絕之

者爲其似是而非惑人之深也絕之
之術無他焉亦曰反經而已矣
孟子曰由堯舜至於湯五百有餘歲若
禹皋陶則見而知之若湯則聞而知之
趙氏曰五百歲而聖人出天道之常
然亦有遲速不能正五百年故言有
餘也○尹氏曰知謂知其道也
由湯至於文王五百有餘歲若伊尹萊

朱則見而知之若文王則聞而知之

趙氏曰萊朱湯賢臣或曰卽仲虺也爲湯左相

由文王至於孔子五百有餘歲若太公望散宜生則見而知之若孔子則聞而知之

散素亶反。散氏宜生名文王賢臣也。○子貢曰文武之道未墜於地在

人賢者識其大者不賢者識其小者莫不有文武之道焉夫子焉不學此所謂聞而知之也

由孔子而來至於今百有餘歲去聖人之世若此其未遠也近聖人之居若此其甚也然而無有乎爾則亦無有乎爾

林氏曰孟子言孔子至今時未遠鄒魯相去又近然而已無有見而知之

者矣則五百餘歲之後又豈復有聞而知之者乎愚按此言雖若不敢自謂已得其傳而憂後世遂失其傳然乃所以自見其有不得辭者而又以見夫天理民彝不可泯滅百世之下必將有神會而心得之者耳故於篇終歷序羣聖之統而終之以此所以明其傳之有在而又以俟後聖於無

窮也其指深哉○有宋元豐八年河南程顥伯淳卒潞公文彥博題其墓曰明道先生而其弟頤正叔序之曰周公沒聖人之道不行孟軻死聖人之學不傳道不行百世無善治學不傳千載無眞儒無善治士猶得以明夫善治之道以淑諸人以傳諸後無眞儒則天下貿貿焉莫知所之人欲

肆而天理滅矣先生生乎千四百年之後得不傳之學於遺經以興起斯文爲己任辨異端闢邪説使聖人之道煥然復明於世蓋自孟子之後一人而已然學者於道不知所向則孰知斯人之爲功不知所至則孰知斯名之稱情也哉

孟子卷第十四

（宋）朱熹　集注

宋本孟子集注

第四册

國家圖書館出版社

第四册目録

孟子卷第十　　朱熹集注

萬章章句下

凡九章

孟子曰伯夷目不視惡色耳不聽惡聲非其君不事非其民不使治則進亂則退橫政之所出橫民之所止不忍居也思與鄉人處如以朝衣朝冠坐於塗炭也當紂之時居北海之濵以待天下之

清也故聞伯夷之風者頑夫廉懦夫有
立志
治去聲下同横去聲朝音潮○横謂
不循法度頑者無知覺廉者有分辨
懦柔弱也餘並見前篇
伊尹曰何事非君何使非民治亦進亂
亦進曰天之生斯民也使先知覺後知
使先覺覺後覺予天民之先覺者也子

將以此道覺此民也思天下之民匹夫
匹婦有不與被堯舜之澤者若己推而
内之溝中其自任以天下之重也
與音預○何事非君言所事即君何
使非民言所使即民無不可事之君
無不可使之民也餘見前篇
柳下惠不羞汙君不辭小官進不隱賢
必以其道遺佚而不怨阸窮而不憫與

鄉人處由由然不忍去也爾爲爾我爲
我雖袒裼裸裎於我側爾焉能浼我哉
故聞柳下惠之風者鄙夫寬薄夫敦
　鄙狹陋也敦厚也餘見前篇
孔子之去齊接淅而行去魯曰遲遲吾
行也去父母國之道也可以速而速可
以久而久可以處而處可以仕而仕孔
子也

淅先歷反○接猶承也淅漬米水也
漬米將炊而欲去之速故以手承水
取米而行不及炊也舉此一端以見
其久速仕止各當其可也或曰孔子
去魯不稅冕而行豈得爲遲○楊氏
曰孔子欲去之意久矣不欲苟去故
遲遲其行也膰肉不至則得以微罪
行矣故不稅冕而行非速也

孟子曰伯夷聖人之清者也伊尹聖之
任者也柳下惠聖之和者也孔子聖之
時者也
張子曰無所雜者清之極無所異者
者和之極勉而清非聖人之清勉而
和非聖人之和所謂聖者不勉不思
而至焉者也○孔氏曰任者以天下
爲己責也愚謂孔子仕止久速各當

其可蓋兼三子之所以聖者而時出之非如三子之可以一德名也或疑伊尹出處合乎孔子而不得爲聖之時何也○程子曰終是任底意思在

孔子之謂集大成集大成也者金聲而玉振之也金聲也者始條理也玉振之也者終條理也始條理者智之事也終條理者聖之事也

此言孔子集三聖之事而爲一大聖之事猶作樂者集衆音之小成而爲一大成也成者樂之一終書所謂簫韶九成是也金鍾屬聲宣也如聲罪致討之聲玉磬也振收也如振河海而不洩之振始始之也終終之也條理猶言脉絡指衆音而言也智者知之所及聖者德之所就也蓋樂有八

音金石絲竹匏土革木若獨奏一音則其一音自爲始終而爲一小成猶三子之所知偏於一而其所就亦偏於一也八音之中金石爲重故特爲衆音之綱紀又金始震而玉終詘然也故並奏八音則於其未作而先擊鎛鍾以宣其聲俟其既闋而後擊特磬以收其韻宣以始之收以終之二

者之間脈絡通貫無所不備則合衆小成而爲一大成猶孔子之知無不盡而德無不全也金聲玉振始終條理疑古樂經之言故倪寬云惟天子建中和之極兼總條貫金聲而玉振之亦此意也

智譬則巧也聖譬則力也由射於百步之外也其至爾力也其中非爾力也

中去聲○此復以射之巧力發明智
聖二字之義見孔子巧力俱全而聖
智兼備三子則力有餘而巧不足是
以一節雖至於聖而知不足以及乎
時中也○此章言三子之行各極其
一偏孔子之道兼全於衆理所以偏
者由其蔽於始是以缺於終所以全
者由其知之至是以行之盡三子猶

春夏秋冬之各一其時孔子則太和
元氣之流行於四時也
北宮錡問曰周室班爵祿也如之何
錡魚綺反○北宮姓錡名衛人班列
也
孟子曰其詳不可得聞也諸侯惡其害
己也而皆去其籍然而軻也嘗聞其略
也

惡去聲去上聲○當時諸侯兼并僭
竊故惡周制妨害己之所爲也
天子一位公一位侯一位伯一位子男
同一位凡五等也君一位卿一位大夫
一位上士一位中士一位下士一位凡
六等
此班爵之制也五等通於天下六等
施於國中

天子之制地方千里公侯皆方百里伯
七十里子男五十里凡四等不能五十
里不達於天子附於諸侯曰附庸
此以下班禄之制也不能猶不足也
小國之地不足五十里者不能自達
於天子因大國以姓名通謂之附庸
若春秋郳儀父之類是也
天子之卿受地視侯大夫受地視伯元

士受地視子男

視比也○徐氏曰王畿之内亦制都
鄙受地也元士上士也

大國地方百里君十卿禄卿禄四大夫
大夫倍上士上士倍中士中士倍下士
下士與庶人在官者同禄禄足以代其
耕也

十十倍之也四四倍之也倍加一倍

也。徐氏曰大國君田三萬二千畝其入可食二千八百八十人卿田三千二百畝可食二百八十八人大夫田八百畝可食七十二人上士田四百畝可食三十六人中士田二百畝可食十八人下士與庶人在官者田百畝可食九人至五人庶人在官府史胥徒也愚按君以下所食之祿皆

助法之公田藉農夫之力以耕而收
其租士之無田與庶人在官者則但
受禄於官如田之入而已
次國地方七十里君十卿禄卿禄三大
夫大夫倍上士上士倍中士中士倍下
士下士與庶人在官者同禄禄足以代
其耕也
三謂三倍之也○徐氏曰次國君田

二萬四千畝可食二千一百六十人
卿田二千四百畝可食二百十六人
小國地方五十里君十卿禄卿禄二大
夫大夫倍上士上士倍中士中士倍下
士下士與庶人在官者同禄禄足以代
其耕也
二即倍也○徐氏曰小國君田一萬
六千畝可食千四百四十人卿田一

千六百畝可食百四十四人

耕者之所獲一夫百畝百畝之糞上農夫食九人上次食八人中食七人中次食六人下食五人庶人在官者其祿以是爲差

食音嗣○獲得也一夫一婦佃田百畝加之以糞糞多而力勤者爲上農其所收可供九人其次用力不齊故

有此五等庶人在官者其受祿不同亦有此五等也○愚按此章之說與周禮王制不同蓋不可考闕之可也○程子曰孟子之時去先王未遠載籍未經秦火然而班爵祿之制已不聞其詳今之禮書皆掇拾於煨燼之餘而多出於漢儒一時之傅會柰何欲盡信而句爲之解乎然則其事固不

可一二追復矣
萬章問曰敢問友孟子曰不挾長不挾
貴不挾兄弟而友友也者友其德也不
可以有挾也
挾者兼有而恃之之稱
孟獻子百乘之家也有友五人焉樂正
裘牧仲其三人則予忘之矣獻子之與
此五人者友也無獻子之家者也此五

人者亦有獻子之家則不與之友矣
乘去聲下同○孟獻子魯之賢大夫
仲孫蔑也○張子曰獻子忘其勢
五人者忘人之勢不資其勢而利其
有然後能忘人之勢若五人者有獻
子之家則反爲獻子之所賤矣
非惟百乘之家爲然也雖小國之君亦
有之費惠公曰吾於子思則師之矣吾

於顏般則友之矣王順長息則事我者也

費音祕般音班○惠公費邑之君也師所尊也友所敬也事我者所使也非惟小國之君爲然也雖大國之君亦有之晉平公之於亥唐也入云則入坐云則坐食云則食雖蔬食菜羹未嘗不飽蓋不敢不飽也然終於此而已矣弗

與共天位也弗與治天職也弗與食天
禄也士之尊賢者也非王公之尊賢也
蔬食之食音嗣平公王公下諸本多
無之字疑闕文也○亥唐晉賢人也
平公造之唐言入公乃入言坐乃坐
言食乃食也蔬食糲飯也不敢不飽
敬賢者之命也○范氏曰位曰天位
職曰天職禄曰天禄言天所以待賢

人使治天民非人君所得專者也

舜尚見帝帝館甥于貳室亦饗舜迭爲賓主是天子而友匹夫也

尚上也舜上而見於帝堯也館舍也禮妻父曰外舅謂我舅者吾謂之甥堯以女妻舜故謂之甥貳室副宮也堯舍舜於副宮而就饗其食

用下敬上謂之貴貴用上敬下謂之尊

賢貴貴尊賢其義一也

貴貴尊賢皆事之宜者然當時但知貴貴而不知尊賢故孟子曰其義一也○此言朋友人倫之一所以輔仁故以天子友匹夫而不爲詘以匹夫友天子而不爲僭此堯舜所以爲人倫之至而孟子言必稱之也

萬章問曰敢問交際何心也孟子曰恭

也
際接也交際謂人以禮儀幣帛相交
接也
曰卻之卻之爲不恭何哉曰尊者賜之
曰其所取之者義乎不義乎而後受之
以是爲不恭故弗卻也
卻不受而還之也再言之未詳萬章
疑交際之間有所卻者人便以爲不

恭何哉孟子言尊者之賜而心竊計
其所以得此物者未知合義與否必
其合義然後可受不然則卻之矣所
以卻之爲不恭也
曰請無以辭卻之以心卻之曰其取諸
民之不義也而以他辭無受不可乎曰
其交也以道其接也以禮斯孔子受之
矣

萬章以爲彼既得之不義則其餽不
可受但無以言語閒而卻之直以心
度其不義而託於他辭以卻之如此
可否耶交以道如餽贐聞戒周其飢
餓之類接以禮謂辭命恭敬之節孔
子受之如受陽貨烝豚之類也
萬章曰今有禦人於國門之外者其交
也以道其餽也以禮斯可受禦與曰不

可康誥曰殺越人于貨閔不畏死凡民
罔不譈是不待教而誅者也殷受夏周
受殷所不辭也於今爲烈如之何其受
之
與平聲譈書作憝徒對反○禦止也
止人而殺之且奪其貨也國門之外
無人之處也萬章以爲苟不問其物
之所從來而但觀其交接之禮則設

有禦人者用其禦得之貨以禮餽我則可受之乎康誥周書篇名越顛越也今書閔作愍無凡民二字譈怨也言殺人而顛越之因取其貨閔然不知畏死凡民無不怨之孟子言此乃不待教戒而當卽誅者也如何而可受之乎商受至爲烈十四字語意不倫李氏以爲此必有斷簡或闕文者

近之而愚意其直爲衍字耳然不可考姑闕之可也

曰今之諸侯取之於民也猶禦也苟善其禮際矣斯君子受之敢問何說也曰子以爲有王者作將比今之諸侯而誅之乎其教之不改而後誅之乎夫謂非其有而取之者盜也充類至義之盡也孔子之仕於魯也魯人獵較孔子亦獵

較獵較猶可而況受其賜乎

比去聲夫音扶較音角○比連也言今諸侯之取於民固多不義然有王者起必不連合而盡誅之必教之不改而後誅之則其與禦人之盜不待教而誅者不同矣夫禦人於國門之外與非其有而取之二者固皆不義之類然必禦人乃為真盜其謂非有

而取爲盜者乃推其類至於義之至
精至密之處而極言之耳非便以爲
眞盜也然則今之諸侯雖曰取非其
有而豈可遽以同於禦人之盜也哉
又引孔子之事以明世俗所尚猶或
可從況受其賜何爲不可乎獵較未
詳趙氏以爲田獵相較奪禽獸以祭
孔子不違所以小同於俗也張氏以

爲獵而較所獲之多少也二說未知孰是

曰然則孔子之仕也非事道與曰事道也事道奚獵較也曰孔子先簿正祭器不以四方之食供簿正曰奚不去也曰爲之兆也兆足以行矣而不行而後去是以未嘗有所終三年淹也

與平聲○此因孔子事而反覆辯論

也事道者以行道爲事也事道奚獵
較也萬章問也先簿正祭器未詳。
徐氏曰先以簿書正其祭器使有定
數不以四方難繼之物實之夫器有
常數實有常品則其本正矣彼獵較
者將久而自廢矣未知是否也兆猶
卜之兆蓋事之端也孔子所以不去
者亦欲小試行道之端以示於人使

知吾道之果可行也若其端既可行而人不能遂行之然後不得已而必去之蓋其去雖不輕而亦未嘗不決是以未嘗終三年留於一國也

孔子有見行可之仕有際可之仕有公養之仕於季桓子見行可之仕也於衛靈公際可之仕也於衛孝公公養之仕也

見行可見其道之可行也際可接遇以禮也公養國君養賢之禮也季桓子魯卿季孫斯也衛靈公衛侯元也孝公春秋史記皆無之疑出公輒也因孔子仕魯而言其仕有此三者故於魯則兆足以行矣而不行然後去而於衛之事則又受其交際問餽而不卻之一驗也○尹氏曰不聞孟子

之義則自好者爲於陵仲子而已聖
賢辭受進退惟義所在愚按此章文
義多不可曉不必强爲之説
孟子曰仕非爲貧也而有時乎爲貧娶
妻非爲養也而有時乎爲養
爲養並去聲下同○仕本爲行道而
亦有家貧親老或道與時違而但爲
禄仕者如娶妻本爲繼嗣而亦有爲

不能親操井臼而欲資其餽養者

爲貧者辭尊居卑辭富居貧

貧富謂祿之厚薄蓋仕不爲道已非

出處之正故其所處但當如此

辭尊居卑辭富居貧惡乎宜乎抱關擊

柝

惡平聲柝音托○柝行夜所擊木也

蓋爲貧者雖不主於行道而亦不可

以苟禄故惟抱關擊柝之吏位卑禄薄其職易稱爲所宜居也○李氏曰道不行矣爲貧而仕者此其律令也若不能然則是貪位慕禄而已矣

孔子嘗爲委吏矣曰會計當而已矣嘗爲乘田矣曰牛羊茁壯長而已矣

委烏僞反會工外反當丁浪反乘去聲茁阻刮反長上聲○此孔子之爲

貧而仕者也委吏主委積之吏也乘田主苑囿芻牧之吏也茁肥貌言以孔子大聖而嘗爲賤官不以爲辱者所謂爲貧而仕官卑祿薄而職易稱也

位卑而言高罪也立乎人之本朝而道不行恥也

朝音潮。以出位爲罪則無行道之

責以廢道爲恥則非竊禄之官此爲
貧者之所以必辭尊富而寧處貧賤
也。尹氏曰言爲貧者不可以居尊
居尊者必欲以行道
萬章曰士之不託諸侯何也孟子曰不
敢也諸侯失國而後託於諸侯禮也士
之託於諸侯非禮也
託寄也謂不仕而食其禄也古者諸

侯出奔他國食其廩餼謂之寄公士
無爵土不得比諸侯不仕而食祿則
非禮也
萬章曰君餽之粟則受之乎曰受之受
之何義也曰君之於氓也固周之
周救也視其空乏則周卹之無常數
君待民之禮也
曰周之則受賜之則不受何也曰不敢

也曰敢問其不敢何也曰抱關擊柝者
皆有常職以食於上無常職而賜於上
者以爲不恭也
賜謂予之祿有常數君所以待臣之
禮也
曰君餽之則受之不識可常繼乎曰繆
公之於子思也亟問亟餽鼎肉子思不
悅於卒也摽使者出諸大門之外北面

稽首再拜而不受曰今而後知君之犬馬畜伋蓋自是臺無餽也悅賢不能舉又不能養也可謂悅賢乎
亟去聲下同摽音杓使去聲○亟數也鼎肉熟肉也卒末也摽麾也數以君命來餽當拜受之非養賢之禮故不悅而於其末後復來餽時麾使者出拜而辭之犬馬畜伋言不以人禮

待己也臺賤官主使令者蓋繆公愧
悟自此不復令臺來致餽也舉用也
能養者未必能用也況又不能養乎
曰敢問國君欲養君子如何斯可謂養
矣曰以君命將之再拜稽首而受其後
廩人繼粟庖人繼肉不以君命將之子
思以爲鼎肉使己僕僕爾亟拜也非養
君子之道也

初以君命來餽則當拜受其後有司
各以其職繼續所無不以君命來餽
不使賢者有亟拜之勞也僕僕煩猥
貌
堯之於舜也使其子九男事之二女女
焉百官牛羊倉廩備以養舜於畎畝之
中後舉而加諸上位故曰王公之尊賢
者也

女下字去聲○能養能舉悅賢之至
也唯堯舜爲能盡之而後世之所當
法也
萬章曰敢問不見諸侯何義也孟子曰
在國曰市井之臣在野曰草莽之臣皆
謂庶人庶人不傳質爲臣不敢見於諸
侯禮也
質與贄同○傳通也質者士執雉庶

人執鶩相見以自通者也國內莫非君臣但未仕者與執贄在位之臣不同故不敢見也

萬章曰庶人召之役則往役君欲見之召之則不往見之何也曰往役義也往見不義也

往役者庶人之職不往見者士之禮

且君之欲見之也何爲也哉曰爲其多

聞也爲其賢也曰爲其多聞也則天子
不召師而況諸侯乎爲其賢也則吾未
聞欲見賢而召之也

爲並去聲

繆公亟見於子思曰古千乘之國以友
士何如子思不悅曰古之人有言曰事
之云乎豈曰友之云乎子思之不悅也
豈不曰以位則子君也我臣也何敢與

君友也以德則子事我者也奚可以與
我友千乘之君求與之友而不可得也
而況可召與
亟乘皆去聲召與之與平聲○孟子
引子思之言而釋之以明不可召之
意
齊景公田招虞人以旌不至將殺之志
士不忘在溝壑勇士不忘喪其元孔子

奚取焉取非其招不往也

喪息浪反。説見前篇

曰敢問招虞人何以曰以皮冠庶人以旃士以旂大夫以旌

皮冠田獵之冠也事見春秋傳然則皮冠者虞人之所有事也故以是招之庶人未仕之臣通帛曰旃士謂已仕者交龍爲旂析羽而注於旂干之

首曰旌

以大夫之招招虞人虞人死不敢往以士之招招庶人庶人豈敢往哉況乎以不賢人之招招賢人乎

欲見而召之是不賢人之招也以士之招招庶人則不敢往以不賢人之招招賢人則不可往矣

欲見賢人而不以其道猶欲其入而閉

之門也夫義路也禮門也惟君子能由是路出入是門也詩云周道如底其直如矢君子所履小人所視

夫音扶厎詩作砥之履反○詩小雅大東之篇厎與砥同礪石也言其平也矢言其直也視視以爲法也引此以證上文能由是路之義

萬章曰孔子君命召不俟駕而行然則

孔子非與曰孔子當仕有官職而以其官召之也

與平聲。孔子方仕而任職君以其官名召之故不俟駕而行。徐氏曰孔子孟子易地則皆然。此章言不見諸侯之義最爲詳悉更合陳代公孫丑所問者而觀之其說乃盡

孟子謂萬章曰一鄉之善士斯友一鄉

之善士一國之善士斯友一國之善士

天下之善士斯友天下之善士

言己之善蓋於一鄉然後能盡友一

鄉之善士推而至於一國天下皆然

隨其髙下以爲廣狹也

以友天下之善士爲未足又尚論古之

人頌其詩讀其書不知其人可乎是以

論其世也是尚友也

尚上同言進而上也頌誦通論其世
論其當世行事之迹也言既觀其言
則不可以不知其爲人之實是以又
考其行也夫能友天下之善士其所
友衆矣猶以爲未足又進而取於古
人是能進其取友之道而非止爲一
世之士矣
齊宣王問卿孟子曰王何卿之問也王

曰卿不同乎曰不同有貴戚之卿有異姓之卿王曰請問貴戚之卿曰君有大過則諫反覆之而不聽則易位

大過謂足以亡其國者易位易君之位更立親戚之賢者蓋與君有親親之恩無可去之義以宗廟爲重不忍坐視其亡故不得已而至於此也

王勃然變乎色

勃然變色貌
曰王勿異也王問臣臣不敢不以正對
孟子言也
王色定然後請問異姓之卿曰君有過
則諫反覆之而不聽則去
君臣義合不合則去○此章言大臣
之義親疎不同守經行權各有其分
貴戚之卿小過非不諫也但必大過

而不聽乃可易位異姓之卿大過非
不諫也雖小過而不聽已可去矣然
三仁貴戚不能行之於紂而霍光異
姓乃能行之於昌邑此又委任權力
之不同不可以執一論也

孟子卷第十

孟子卷第十一

告子章句上　　朱熹集注

凡二十章

告子曰性猶杞柳也義猶桮棬也以人性爲仁義猶以杞柳爲桮棬

桮音杯棬丘圓反○性者人生所稟之天理也杞柳柜柳桮棬屈木所爲若卮匜之屬告子言人性本無仁義

必待矯揉而後成如荀子性惡之說也

孟子曰子能順杞柳之性而以爲桮棬乎將戕賊杞柳而後以爲桮棬也如將戕賊杞柳而以爲桮棬則亦將戕賊人以爲仁義與率天下之人而禍仁義者必子之言夫

戕音墻與平聲夫音扶○言如此則

天下之人皆以仁義爲害性而不肯
爲是因子之言而爲仁義之禍也
告子曰性猶湍水也決諸東方則東流
決諸西方則西流人性之無分於善不
善也猶水之無分於東西也
湍他端反○湍波流瀠回之貌也告
子因前說而小變之近於楊子善惡
混之說

孟子曰水信無分於東西無分於上下乎人性之善也猶水之就下也人無有不善水無有不下

言水誠不分東西矣然豈不分上下乎性即天理未有不善者也

今夫水搏而躍之可使過顙激而行之可使在山是豈水之性哉其勢則然也人之可使爲不善其性亦猶是也

夫音扶摶補各反。摶擊也躍跳也顙額也水之過額在山皆不就下也然其本性未嘗不就下但爲搏激所使而逆其性耳。此章言性本善故順之而無不善本無惡故反之而後爲惡非本無定體而可以無所不爲也

告子曰生之謂性

生指人物之所以知覺運動者而言
告子論性前後四章語雖不同然其
大指不外乎此與近世佛氏所謂作
用是性者略相似
孟子曰生之謂性也猶白之謂白與曰
然白羽之白也猶白雪之白白雪之白
猶白玉之白與曰然
與平聲下同○白之謂白猶言凡物

之白者同謂之白更無差別也白羽
以下孟子再問而告子曰然則是謂
凡有生者同是一性矣
然則犬之性猶牛之性牛之性猶人之
性與
孟子又言若果如此則犬牛與人皆
有知覺皆能運動其性皆無以異矣
於是告子自知其說之非而不能對

也○愚按性者人之所得於天之理也
生者人之所得於天之氣也性形而上
者也氣形而下者也人物之生莫不有
是性亦莫不有是氣然以氣言之則知
覺運動人與物若不異也以理言之
則仁義禮智之禀豈物之所得而全哉
此人之性所以無不善而爲萬物之靈
也告子不知性之爲理而以所謂氣者

當之是以杞柳湍水之喻食色無善無不善之說縱橫繆戾紛紜舛錯而此章之誤乃其本根所以然者蓋徒知知覺運動之蠢然者人與物同而不知仁義禮智之粹然者人與物異也孟子以是折之其義精矣

告子曰食色性也仁內也非外也義外也非內也

告子以人之知覺運動者爲性故言
人之甘食悅色者即其性故仁愛之
心生於內而事物之宜由乎外學者
但當用力於仁而不必求合於義也

孟子曰何以謂仁內義外也曰彼長而
我長之非有長於我也猶彼白而我白
之從其白於外也故謂之外也

長上聲下同○我長之我以彼爲長

也我白之我以彼爲白也
曰異於白馬之白也無以異於白人之
白也不識長馬之長也無以異於長人
之長與且謂長者義乎長之者義乎
與平聲下同○張氏曰上異於二字
宜衍○李氏曰或有闕文焉愚按白
馬白人所謂彼白而我白之也長馬
長人所謂彼長而我長之也白馬白

人不異而長馬長人不同是乃所謂
義也義不在彼之長而在我長之之
心則義之非外明矣
曰吾弟則愛之秦人之弟則不愛也是
以我爲悅者也故謂之内長楚人之長
亦長吾之長是以長爲悅者也故謂之
外也
言愛主於我故仁在内敬主於長故

義在外

曰耆秦人之炙無以異於耆吾炙夫物則亦有然者也然則耆炙亦有外與

耆與嗜同夫音扶○言長之耆之皆出於心也○林氏曰告子以食色爲性故因其所明者而通之○自篇首至此四章告子之辯屢屈而屢變其說以求勝卒不聞其能自反而有所

疑也此正其所謂不得於言勿求於
心者所以卒於鹵莽而不得其正也
孟季子問公都子曰何以謂義内也
孟季子疑孟仲子之弟也蓋聞孟子
之言而未達故私論之
曰行吾敬故謂之内也
所敬之人雖在外然知其當敬而行
吾心之敬以敬之則不在外也

鄉人長於伯兄一歲則誰敬曰敬兄酌則誰先曰先酌鄉人所敬在此所長在彼果在外非由內也

長上聲○伯長也酌酌酒也此皆季子問公都子答而季子又言如此則敬長之心果不由中出也

公都子不能答以告孟子孟子曰敬叔父乎敬弟乎彼將曰敬叔父曰弟爲尸

則誰敬彼將曰敬弟子曰惡在其敬叔
父也彼將曰在位故也子亦曰在位故
也庸敬在兄斯須之敬在鄉人
惡平聲○尸祭祀所主以象神雖子
弟爲之然敬之當如祖考也在位弟
在尸位鄉人在賓客之位也庸常也
斯須暫時也言因時制宜皆由中出
也

季子聞之曰敬叔父則敬敬弟則敬果在外非由內也公都子曰冬日則飲湯夏日則飲水然則飲食亦在外也

此亦上章耆炙之意○范氏曰二章問答大指略同皆反覆譬喻以曉當世使明仁義之在內則知人之性善而皆可以爲堯舜矣

公都子曰告子曰性無善無不善也

此亦生之謂性食色性也之意近世蘇氏胡氏之說蓋如此

或曰性可以爲善可以爲不善是故文武興則民好善幽厲興則民好暴好去聲。此即湍水之說也

或曰有性善有性不善是故以堯爲君而有象以瞽瞍爲父而有舜以紂爲兄之子且以爲君而有微子啓王子比干

韓子性有三品之說蓋如此按此文則微子比干皆紂之叔父而書稱微子爲商王元子疑此或有誤字

今曰性善然則彼皆非與

與平聲

孟子曰乃若其情則可以爲善矣乃所謂善也

乃若發語辭情者性之動也人之情

本但可以爲善而不可以爲惡則性之本善可知矣

若夫爲不善非才之罪也

夫音扶○才猶材質人之能也人有是性則有是才性旣善則才亦善人之爲不善乃物欲陷溺而然非其才之罪也

惻隱之心人皆有之羞惡之心人皆有

之恭敬之心人皆有之是非之心人皆有之惻隱之心仁也羞惡之心義也恭敬之心禮也是非之心智也仁義禮智非由外鑠我也我固有之也弗思耳矣故曰求則得之舍則失之或相倍蓰而無筭者不能盡其才者也

惡去聲舍上聲蓰音師○恭者敬之發於外者也敬者恭之主於中者也

鑠以火消金之名自外以至內也算
數也言四者之心人所固有但人自
不思而求之耳所以善惡相去之遠
由不思不求而不能擴充以盡其才
也前篇言是四者爲仁義禮智之端
而此不言端者彼欲其擴而充之此
直因用以著其本體故言有不同耳
詩曰天生蒸民有物有則民之秉夷好

是懿德孔子曰爲此詩者其知道乎故
有物必有則民之秉夷也故好是懿德
好去聲○詩大雅蒸民之篇蒸詩作
烝衆也物事也則法也夷詩作彛常
也懿美也有物必有法如有耳目則
有聰明之德有父子則有慈孝之心
是民所秉執之常性也故人之情無
不好此懿德者以此觀之則人性之

善可見而公都子所問之三説皆不辨而自明矣○程子曰性即理也理則堯舜至於塗人一也才稟於氣氣有清濁稟其清者爲賢稟其濁者爲愚學而知之則氣無清濁皆可至於善而復性之本湯武身之是也孔子所言下愚不移者則自暴自棄之人也又曰論性不論氣不備論氣不論

性不明二之則不是。張子曰形而後有氣質之性善反之則天地之性存焉故氣質之性君子有弗性者焉愚按程子此說才字與孟子本文小異蓋孟子專以其發於性者言之故以爲才無不善程子兼指其稟於氣者言之則人之才固有昬明强弱之不同矣張子所謂氣質之性是也二

說雖殊各有所當然以事理考之程子爲密蓋氣質所禀雖有不善而不害性之本善性雖本善而不可以無省察矯揉之功學者所當深玩也

孟子曰富歲子弟多賴凶歲子弟多暴非天之降才爾殊也其所以陷溺其心者然也

富歲豐年也賴藉也豐年衣食饒足

故有所顧藉而爲善凶年衣食不足
故有以陷溺其心而爲暴
今夫麰麥播種而耰之其地同樹之時
又同浡然而生至於日至之時皆熟矣
雖有不同則地有肥磽雨露之養人事
之不齊也
夫音扶麰音牟耰音憂磽苦交反○
麰大麥也耰覆種也日至之時謂當

成熟之期也磽瘠薄也

故凡同類者舉相似也何獨至於人而疑之聖人與我同類者

聖人亦人耳其性之善無不同也

故龍子曰不知足而爲屨我知其不爲蕢也屨之相似天下之足同也

蕢音匱○蕢草器也不知人足之大小而爲之屨雖未必適中然必似足

形不至成蕢也

口之於味有同耆也易牙先得我口之所耆者也如使口之於味也其性與人殊若犬馬之與我不同類也則天下何耆皆從易牙之於味也至於味天下期於易牙是天下之口相似也

耆與嗜同下同○易牙古之知味者言易牙所調之味則天下皆以爲美

也
惟耳亦然至於聲天下期於師曠是天下之耳相似也
師曠能審音者也言師曠所和之音則天下皆以爲美也
惟目亦然至於子都天下莫不知其姣也不知子都之姣者無目者也
姣古卯反。子都古之美人也姣好

也
故曰口之於味也有同耆焉耳之於聲
也有同聽焉目之於色也有同美焉至
於心獨無所同然乎心之所同然者何
也謂理也義也聖人先得我心之所同
然耳故理義之悅我心猶芻豢之悅我
口
然猶可也草食曰芻牛羊是也穀食

曰豢犬豕是也○程子曰在物爲理
處物爲義體用之謂也孟子言人心
無不悅理義者但聖人則先知先覺
乎此耳非有以異於人也程子又曰
理義之悅我心猶芻豢之悅我口此
語親切有味須實體察得理義之悅
心眞猶芻豢之悅口始得
孟子曰牛山之木嘗美矣以其郊於大

國也斧斤伐之可以爲美乎是其日夜
之所息雨露之所潤非無萌蘖之生焉
牛羊又從而牧之是以若彼濯濯也人
見其濯濯也以爲未嘗有材焉此豈山
之性也哉
蘖五割反○牛山齊之東南山也邑
外謂之郊言牛山之木前此固嘗美
矣今爲大國之郊伐之者衆故失其

美耳息生長也日夜之所息謂氣化流行未嘗間斷故日夜之間凡物皆有所生長也萌芽也糵芽之旁出者也濯濯光潔之貌材材木也言山木雖伐猶有萌糵而牛羊又從而害之是以至於光潔而無草木也

雖存乎人者豈無仁義之心哉其所以放其良心者亦猶斧斤之於木也旦旦

而伐之可以爲美乎其日夜之所息平旦之氣其好惡與人相近也者幾希則其旦晝之所爲有梏亡之矣梏之反覆則其夜氣不足以存夜氣不足以存則其違禽獸不遠矣人見其禽獸也而以爲未嘗有才焉者是豈人之情也哉

好惡並去聲○良心者本然之善心即所謂仁義之心也平旦之氣謂未

與物接之時清明之氣也好惡與人相近言得人心之所同然也幾希不多也梏械也反覆展轉也言人之良心雖已放失然其日夜之間亦必有所生長故平旦未與物接其氣清明之際良心必猶有發見者但其發見至微而旦晝所爲之不善又已隨而梏亡之如山木既伐猶有萌蘖而牛

羊又牧之也晝之所爲旣有以害其夜之所息夜之所息又不能勝其晝之所爲是以展轉相害至於夜氣之生日以寖薄而不足以存其仁義之良心則平旦之氣亦不能清而所好惡遂與人遠矣

故苟得其養無物不長苟失其養無物不消

長上聲○山木人心其理一也
孔子曰操則存舍則亡出入無時莫知
其鄉惟心之謂與
舍音捨與平聲○孔子言心操之則
在此捨之則失去其出入無定時亦
無定處如此孟子引之以明心之神
明不測得失之易而保守之難不可
頃刻失其養學者當無時而不用其

力使神清氣定常如平旦之時則此
心常存無適而非仁義也○程子曰
心豈有出入亦以操舍而言耳操之
之道敬以直内而已○愚聞之師曰
人理義之心未嘗無唯持守之即在
爾若於旦晝之間不至梏亡則夜氣
愈清夜氣清則平旦未與物接之時
湛然虛明氣象自可見矣孟子發此

夜氣之說於學者極有力宜熟玩而
深省之也
孟子曰無或乎王之不智也
或與惑同疑怪也王疑指齊王
雖有天下易生之物也一日暴之十日
寒之未有能生者也吾見亦罕矣吾退
而寒之者至矣吾如有萌焉何哉
易去聲暴步卜反見音現○暴溫之

也我見王之時少猶一日暴之也我
退則諂諛雜進之日多是十日寒之
也雖有萌蘖之生我亦安能如之何
哉
今夫弈之爲數小數也不專心致志則
不得也弈秋通國之善弈者也使弈秋
誨二人弈其一人專心致志惟弈秋之
爲聽一人雖聽之一心以爲有鴻鵠將

至思援弓繳而射之雖與之俱學弗若之矣爲是其智弗若與曰非然也

夫音扶繳音灼射食亦反爲是之爲去聲若與之與平聲。弈圍棋也數技也致極也弈秋善弈者名秋也繳以繩繫矢而射也。程子爲講官言於上曰人主一日之間接賢士大夫之時多親宦官宫妾之時少則可以

涵養氣質而薰陶德性時不能用
范氏曰人君之心惟在所養君子養
之以善則智小人養之以惡則愚然
賢人易疎小人易親是以寡不能勝
衆正不能勝邪自古國家治日常少
而亂日常多蓋以此也
孟子曰魚我所欲也熊掌亦我所欲也
二者不可得兼舍魚而取熊掌者也生

亦我所欲也義亦我所欲也二者不可
得兼舍生而取義者也
舍上聲○魚與熊掌皆美味而熊掌
尤美也
生亦我所欲所欲有甚於生者故不爲
苟得也死亦我所惡所惡有甚於死者
故患有所不辟也
惡辟皆去聲下同○釋所以舍生取

義之意得得生也欲生惡死者雖衆人利害之常情而欲惡有甚於生死者乃秉彝義理之良心是以欲生而不爲苟得惡死而有所不避也

如使人之所欲莫甚於生則凡可以得生者何不用也使人之所惡莫甚於死者則凡可以辟患者何不爲也

設使人無秉彝之良心而但有利害

之私情則凡可以偷生免死者皆將
不顧禮義而爲之矣
由是則生而有不用也由是則可以辟
患而有不爲也
由其必有秉彝之良心是以其能舍
生取義如此
是故所欲有甚於生者所惡有甚於死
者非獨賢者有是心也人皆有之賢者

能勿喪耳

喪去聲。羞惡之心人皆有之但衆人汨於利欲而忘之惟賢者能存之而不喪耳

一簞食一豆羹得之則生弗得則死嘑爾而與之行道之人弗受蹴爾而與之乞人不屑也

食音嗣嘑呼故反蹴子六反。豆木

器也嘑咄啐之貌行道之人路中凡
人也蹴踐踏也乞人丐乞之人也不
屑不以爲潔也言雖欲食之急而猶
惡無禮有寧死而不食者是其羞惡
之本心欲惡有甚於生死者人皆有
之也
萬鍾則不辨禮義而受之萬鍾於我何
加焉爲宮室之美妻妾之奉所識窮乏之

者得我與

爲去聲與平聲○萬鍾於我何加言於我身無所增益也所識窮乏者得我謂所知識之窮乏者感我之惠也上言人皆有羞惡之心此言衆人所以喪之由此三者蓋理義之心雖曰固有而物欲之蔽亦人所易昏也

鄉爲身死而不受今爲宮室之美爲之

鄉爲身死而不受今爲妻妾之奉爲之鄉爲身死而不受今爲所識窮乏者得我而爲之是亦不可以已乎此之謂失其本心

鄉爲並去聲爲之之爲並如字○言三者身外之物其得失比生死爲甚輕鄉爲身死猶不肯受嘑蹴之食今乃爲此三者而受無禮義之萬鍾是

豈不可以止乎本心謂羞惡之心○

此章言羞惡之心人所固有或能决死生於危迫之際而不免計豐約於宴安之時是以君子不可頃刻而不省察於斯焉

孟子曰仁人心也義人路也

仁者心之德程子所謂心如穀種仁則其生之性是也然但謂之仁則人

不知其切於己故反而名之曰人心則可以見其爲此身酬酢萬變之主而不可須臾失矣義者行事之宜謂之人路則可以見其爲出入往來必由之道而不可須臾舍矣

舍其路而弗由放其心而不知求哀哉

舍上聲○哀哉二字最宜詳味令人惕然有深省處

人有雞犬放則知求之有放心而不知求

程子曰心至重雞犬至輕雞犬放則知求之心放則不知求豈愛其至輕而忘其至重哉弗思而已矣愚謂上兼言仁義而此下專論求放心者能求放心則不違於仁而義在其中矣

學問之道無他求其放心而已矣

學問之事固非一端然其道則在於求其放心而已蓋能如是則志氣清明義理昭著而可以上達不然則昏昧放逸雖曰從事於學而終不能有所發明矣故程子曰聖賢千言萬語只是欲人將已放之心約之使反復入身來自能尋向上去下學而上達也此乃孟子開示要切之言程子

又發明之曲盡其指學者宜服膺而
勿失也
孟子曰今有無名之指屈而不信非疾
痛害事也如有能信之者則不遠秦楚
之路爲指之不若人也
信與伸同爲去聲○無名指手之第
四指也
指不若人則知惡之心不若人則不知

惡此之謂不知類也

惡去聲○不知類言其不知輕重之等也

孟子曰拱把之桐梓人苟欲生之皆知所以養之者至於身而不知所以養之者豈愛身不若桐梓哉弗思甚也

拱兩手所圍也把一手所握也桐梓二木名

孟子曰人之於身也兼所愛兼所愛則兼所養也無尺寸之膚不愛焉則無尺寸之膚不養也所以考其善不善者豈有他哉於己取之而已矣

人於一身固當兼養然欲考其所養之善否者惟在反之於身以審其輕重而已矣

體有貴賤有小大無以小害大無以賤

害貴養其小者爲小人養其大者爲大人

賤而小者口腹也貴而大者心志也

今有場師舍其梧檟養其樲棘則爲賤場師焉

舍上聲檟音賈樲音貳○場師治場圃者梧桐也檟梓也皆美材也樲棘小棗非美材也

養其一指而失其肩背而不知也則爲
狼疾人也
狼善顧疾則不能故以爲失肩背之
喻
飲食之人則人賤之矣爲其養小以失
大也
爲去聲○飲食之人專養口腹者也
飲食之人無有失也則口腹豈適爲尺

寸之膚哉

此言若使專養口腹而能不失其大體則口腹之養軀命所關不但爲尺寸之膚而已但養小之人無不失其大者故口腹雖所當養而終不可以小害大賤害貴也

公都子問曰鈞是人也或爲大人或爲小人何也孟子曰從其大體爲大人從

其小體爲小人

鈞同也從隨也大體心也小體耳目之類也

曰鈞是人也或從其大體或從其小體何也曰耳目之官不思而蔽於物物交物則引之而已矣心之官則思思則得之不思則不得也此天之所與我者先立乎其大者則其小者弗能奪也此爲

大人而已矣
官之爲言司也耳司聽目司視各有所職而不能思是以蔽於外物旣不能思而蔽於外物則亦一物而已又以外物交於此物其引之而去不難矣心則能思而以思爲職凡事物之來心得其職則得其理而物不能蔽失其職則不得其理而物來蔽之此

三者皆天之所以與我者而心爲大
若能有以立之則事無不思而耳目
之欲不能奪之矣此所以爲大人也
然此天之此舊本多作比而趙注亦
以比方釋之今本既多作此而注亦
作此乃未詳孰是但作比字於義爲
短故且從今本云○范浚心箴曰茫
茫堪輿俯仰無垠人於其間眇然有

身是身之微太倉稊米參爲三才曰
惟心耳往古來今孰無此心心爲形
役乃獸乃禽惟口耳目手足動靜投
閒抵隙爲厥心病一心之微衆欲攻
之其所存者嗚呼幾希君子存誠克
念克敬天君泰然百體從令
孟子曰有天爵者有人爵者仁義忠信
樂善不倦此天爵也公卿大夫此人爵

也
樂音洛。天爵者德義可尊自然之
貴也
古之人脩其天爵而人爵從之
脩其天爵以爲吾分之所當然者耳
人爵從之蓋不待求之而自至也
今之人脩其天爵以要人爵既得人爵
而棄其天爵則惑之甚者也終亦必亡

而巳矣

要音邀。要求也脩天爵以要人爵其心固巳惑矣得人爵而棄天爵則其惑又甚焉終必并其所得之人爵而亡之也

孟子曰欲貴者人之同心也人人有貴於己者弗思耳

貴於己者謂天爵也

人之所貴者非良貴也趙孟之所貴趙孟能賤之

人之所貴謂人以爵位加己而後貴也良者本然之善也趙孟晉卿也能以爵禄與人而使之貴則亦能奪之而使之賤矣若良貴則人安得而賤之哉

詩云既醉以酒既飽以德言飽乎仁義

也所以不願人之膏粱之味也令聞廣譽施於身所以不願人之文繡也

聞去聲○詩大雅既醉之篇飽充足也願欲也膏肥肉粱美穀令善也聞亦譽也文繡衣之美者也仁義充足而聞譽彰著皆所謂良貴也○尹氏曰言在我者重則外物輕

孟子曰仁之勝不仁也猶水勝火今之

爲仁者猶以一杯水救一車薪之火也不熄則謂之水不勝火此又與於不仁之甚者也

與猶助也仁之能勝不仁必然之理也但爲之不力則無以勝不仁而人遂以爲眞不能勝是我之所爲有以深助於不仁者也

亦終必亡而已矣

言此人之心亦且自怠於爲仁終必并與其小仁而亡之○趙氏曰言爲仁不至而不反諸己也

孟子曰五穀者種之美者也苟爲不熟不如荑稗夫仁亦在乎熟之而已矣

荑音蹄稗蒲賣反夫音扶○荑稗草之似穀者其實亦可食然不能如五穀之美也但五穀不熟則反不如荑

稗之熟猶爲仁而不熟則反不如爲它道之有成是以爲仁必貴乎熟而不可徒恃其種之美又不可以仁之難熟而甘爲他道之有成也○尹氏曰日新而不已則熟

孟子曰羿之教人射必志於彀學者亦必志於彀、

彀古候反○羿善射者也志猶期也

彀弓滿也滿而後發射之法也學謂學射

大匠誨人必以規矩學者亦必以規矩

大匠工師也規矩匠之法也○此章言事必有法然後可成師舍是則無以教弟子舍是則無以學曲藝且然況聖人之道乎

孟子卷第十一

孟子卷第十二　朱熹集注

告子章句下

凡十六章

任人有問屋廬子曰禮與食孰重曰禮重

任平聲○任國名屋廬子名連孟子弟子也

色與禮孰重

任人復問也

曰禮重曰以禮食則飢而死不以禮食則得食必以禮乎親迎則不得妻不親迎則得妻必親迎乎

迎去聲

屋廬子不能對明日之鄒以告孟子孟子曰於答是也何有

於如字○何有不難也

不揣其本而齊其末方寸之木可使高
於岑樓
揣初委反○本謂下末謂上方寸之
木至卑喻食色岑樓樓之高銳似山
者至高喻禮若不取其下之平而升
寸木於岑樓之上則寸木反高岑樓
反卑矣
金重於羽者豈謂一鉤金與一輿羽之

謂哉
鉤帶鉤也金本重而帶鉤小故輕喻
禮有輕於食色者羽本輕而一輿多
故重喻食色有重於禮者
取食之重者與禮之輕者而比之奚翅
食重取色之重者與禮之輕者而比之
奚翅色重
翅與啻同古字通用施智反○禮食

親迎禮之輕者也飢而死以滅其性不得妻而廢人倫食色之重者也奚翅猶言何但言其相去懸絶不但有輕重之差而已

往應之曰紾兄之臂而奪之食則得食不紾則不得食則將紾之乎踰東家牆而摟其處子則得妻不摟則不得妻則將摟之乎

紾音軫摟音婁○紾戾也摟牽也處子處女也此二者禮與食色皆其重者而以之相較則禮爲尤重也○此章言義理事物其輕重固有大分然於其中又各自有輕重之别聖賢於此錯綜斟酌毫髮不差固不肯枉尺而直尋亦未甞膠柱而調瑟所以斷之一視於理之當然而已矣

曹交問曰人皆可以爲堯舜有諸孟子
曰然
趙氏曰曹交曹君之弟也人皆可以
爲堯舜疑古語或孟子所嘗言也
交聞文王十尺湯九尺今交九尺四寸
以長句食粟而已如何則可
曹交問也食粟而已言無他材能也
曰奚有於是亦爲之而已矣有人於此

力不能勝一匹雛則爲無力人矣今曰舉百鈞則爲有力人矣然則舉烏獲之任是亦爲烏獲而已矣夫人豈以不勝爲患哉弗爲耳

勝平聲○匹字本作鴄鴨也從省作匹禮記說匹爲鶩是也烏獲古之有力人也能舉移千鈞

徐行後長者謂之弟疾行先長者謂之

不弟夫徐行者豈人所不能哉所不爲
也堯舜之道孝弟而已矣
後去聲長上聲先去聲夫音扶○陳
氏曰孝弟者人之良知良能自然之
性也堯舜人倫之至亦率是性而已
豈能加毫末於是哉○楊氏曰堯舜
之道大矣而所以爲之乃在夫行止
疾徐之間非有甚高難行之事也百

姓蓋日用而不知耳

子服堯之服誦堯之言行堯之行是堯

而已矣子服桀之服誦桀之言行桀之

行是桀而已矣

之行並去聲。言爲善爲惡皆在我

而已詳曹交之問淺陋麤率必其進

見之時禮貌衣冠言動之間多不循

理故孟子告之如此兩節云

曰交得見於鄒君可以假館願留而受
業於門
見音現。假館而後受業又可見其
求道之不篤
曰夫道若大路然豈難知哉人病不求
耳子歸而求之有餘師
夫音扶。言道不難知若歸而求之
事親敬長之間則性分之內萬理皆

備隨處發見無不可師不必留此而受業也○曹交事長之禮既不至求道之心又不篤故孟子教之以孝弟而不容其受業蓋孔子餘力學文之意亦不屑之教誨也

公孫丑問曰高子曰小弁小人之詩也孟子曰何以言之曰怨

弁音盤○高子齊人也小弁小雅篇

名周幽王娶申后生太子宜臼又得褒姒生伯服而黜申后廢宜臼於是宜臼之傅爲作此詩以叙其哀痛迫切之情也

曰固哉高叟之爲詩也有人於此越人關弓而射之則己談笑而道之無他疏之也其兄關弓而射之則己垂涕泣而道之無他戚之也小弁之怨親親也親

親仁也固矣夫高叟之爲詩也
關與彎同射食亦反夫音扶○固謂
執滯不通也爲猶治也越蠻夷國名
道語也親親之心仁之發也
曰凱風何以不怨
凱風邶風篇名衛有七子之母不能
安其室七子作此以自責也
曰凱風親之過小者也小弁親之過大

者也親之過大而不怨是愈疏也親之過小而怨是不可磯也愈疏不孝也不可磯亦不孝也

磯音機○磯水激石也不可磯言微激之而遽怒也

孔子曰舜其至孝矣五十而慕

言舜猶怨慕小弁之怨不爲不孝也

○趙氏曰生之膝下一體而分喘息

呼吸氣通於親當親而疏怨慕號天

是以小弁之怨未足爲愆也

宋牼將之楚孟子遇於石丘

牼口莖反○宋姓牼名石丘地名

曰先生將何之

趙氏曰學士年長者故謂之先生

曰吾聞秦楚構兵我將見楚王說而罷

之楚王不悅我將見秦王說而罷之二

王我將有所遇焉

說音稅○時宋牼方欲見楚王恐其不悅則將見秦王也遇合也按莊子書有宋鈃者禁攻寢兵救世之戰上說下教強聒不舍疏云齊宣王時人以事考之疑即此人也

曰軻也請無問其詳願聞其指說之將何如曰我將言其不利也曰先生之志

則大矣先生之號則不可
徐氏曰能於戰國擾攘之中而以罷
兵息民爲說其志可謂大矣然以利
爲名則不可也
先生以利說秦楚之王秦楚之王悅於
利以罷三軍之師是三軍之士樂罷而
悅於利也爲人臣者懷利以事其君爲
人子者懷利以事其父爲人弟者懷利

以事其兄是君臣父子兄弟終去仁義懷利以相接然而不亡者未之有也

樂音洛下同

先生以仁義說秦楚之王秦楚之王悅於仁義而罷三軍之師是三軍之士樂罷而悅於仁義也為人臣者懷仁義以事其君為人子者懷仁義以事其父為人弟者懷仁義以事其兄是君臣父子

兄弟去利懷仁義以相接也然而不王
者未之有也何必曰利
王去聲○此章言休兵息民爲事則
一然其心有義利之殊而其效有興
亡之異學者所當深察而明辨之也
孟子居鄒季任爲任處守以幣交受之
而不報處於平陸儲子爲相以幣交受
之而不報

任平聲相去聲下同。趙氏曰季任任君之弟任君朝會於鄰國季任爲之居守其國也儲子齊相也不報者來見則當報之但以幣交則不必報也

他日由鄒之任見季子由平陸之齊不見儲子屋廬子喜曰連得間矣

屋廬子知孟子之處此必有義理故

喜得其間隙而問之

問曰夫子之任見季子之齊不見儲子

爲其爲相與

爲其之爲去聲下同與平聲○言儲子但爲齊相不若季子攝守君位故輕之耶

曰非也書曰享多儀儀不及物曰不享

惟不役志于享

書周書洛誥之篇享奉上也儀禮也
物幣也役用也言雖享而禮意不及
其幣則是不享矣以其不用志于享
故也
爲其不成享也
孟子釋書意如此
屋廬子悦或問之屋廬子曰季子不得
之鄒儲子得之平陸

徐氏曰季子爲君居守不得往他國以見孟子則以幣交而禮意已備儲子爲齊相可以至齊之境内而不來見則雖以幣交而禮意不及其物也

淳于髡曰先名實者爲人也後名實者自爲也夫子在三卿之中名實未加於上下而去之仁者固如此乎

先後爲皆去聲○名聲譽也實事功

也言以名實爲先而爲之者是有志
於救民也以名實爲後而不爲者是
欲獨善其身者也名實未加於上下
言上未能正其君下未能濟其民也
孟子曰居下位不以賢事不肖者伯夷
也五就湯五就桀者伊尹也不惡汙君
不辭小官者柳下惠也三子者不同道
其趨一也一者何也曰仁也君子亦仁

而已矣何必同

惡趨並去聲○仁者無私心而合天理之謂○楊氏曰伊尹之就湯以三聘之勤也其就桀也湯進之也湯豈有伐桀之意哉其進伊尹以事之也欲其悔過遷善而已伊尹既就湯則以湯之心爲心矣及其終也人歸之天命之不得已而伐之耳若湯初求

伊尹即有伐桀之心而伊尹遂相之以伐桀是以取天下爲心也以取天下爲心豈聖人之心哉

曰魯繆公之時公儀子爲政子柳子思爲臣魯之削也滋甚若是乎賢者之無益於國也

公儀子名休爲魯相子柳泄柳也削地見侵奪也髡譏孟子雖不去亦未

必能有爲也

曰虞不用百里奚而亡秦穆公用之而霸不用賢則亡削何可得與

與平聲○百里奚事見前篇

曰昔者王豹處於淇而河西善謳緜駒處於高唐而齊右善歌華周杞梁之妻善哭其夫而變國俗有諸內必形諸外爲其事而無其功者髡未嘗覩之也是

故無賢者也有則髡必識之
華去聲○王豹衛人善謳淇水名緜
駒齊人善歌高唐齊西邑華周杞梁
二人皆齊臣戰死於莒其妻哭之哀
國俗化之皆善哭髡以此譏孟子仕
齊無功未足爲賢也
曰孔子爲魯司寇不用從而祭燔肉不
至不稅冕而行不知者以爲爲肉也其

知者以爲爲無禮也乃孔子則欲以微罪行不欲爲苟去君子之所爲衆人固不識也

稅音脫爲肉爲無之爲去聲○按史記孔子爲魯司寇攝行相事齊人聞而懼於是以女樂遺魯君季威子與魯君往觀之怠於政事子路曰夫子可以行矣○孔子曰魯今且郊如致

膰于大夫則吾猶可以止威子卒受齊女樂郊又不致膰俎于大夫孔子遂行孟子言以爲爲肉者固不足道以爲爲無禮則亦未爲深知孔子者蓋聖人於父母之國不欲顯其君相之失又不欲爲無故而苟去故不以女樂去而以膰肉行其見幾明決而用意忠厚固非衆人所能識也然則

孟子之所爲豈髡之所能識哉○尹氏曰淳于髡未嘗知仁而未嘗識賢也宜乎其言若是

孟子曰五霸者三王之罪人也今之諸侯五霸之罪人也今之大夫今之諸侯之罪人也

趙氏曰五霸齊桓晉文秦穆宋襄楚莊也三王夏禹商湯周文武也○丁

氏曰夏昆吾商大彭豕韋周齊威晉
文謂之五霸
天子適諸侯曰巡狩諸侯朝於天子曰
述職春省耕而補不足秋省斂而助不
給入其疆土地辟田野治養老尊賢俊
傑在位則有慶慶以地入其疆土地荒
蕪遺老失賢掊克在位則有讓一不朝
則貶其爵再不朝則削其地三不朝則

六師移之是故天子討而不伐諸侯伐而不討五霸者摟諸侯以伐諸侯者也故曰五霸者三王之罪人也

朝音潮辟與闢同治平聲○慶賞也益其地以賞之也掊克聚斂也讓責也移之者誅其人而變置之也討者出命以討其罪而使方伯連帥帥諸侯以伐之也伐者奉天子之命聲其

罪而伐之也摟牽也五霸摟牽諸侯以
伐諸侯不用天子之命也自入其疆
至則有責言巡狩之事自一不朝至
六師移之言述職之事
五霸桓公爲盛葵丘之會諸侯束牲載
書而不歃血初命曰誅不孝無易樹子
無以妾爲妻再命曰尊賢育才以彰有
德三命曰敬老慈幼無忘賓旅四命曰

士無世官官事無攝取士必得無專殺大夫五命曰無曲防無遏糴無有封而不告曰凡我同盟之人旣盟之後言歸于好令之諸侯皆犯此五禁故曰今之諸侯五霸之罪人也

歃所洽反糴音狄好去聲○按春秋僖公九年葵丘之會陳牲而不殺讀書加於牲上壹明天子之禁樹立

也已立世子不得擅易初命三事所以脩身正家之要也賔賔客也旅行旅也皆當有以待之不可忽忘也士世禄而不世官恐其未必賢也官事無攝當廣求賢才以充之不可以闕人廢事也取士必得必得其人也無專殺大夫有罪則請命于天子而後殺之也無曲防不得曲爲隄防壅泉

激水以專小利病鄰國也無遏糴鄰
國凶荒不得閉糴也無有封而不告
者不得專封國邑而不告天子也
長君之惡其罪小逢君之惡其罪大今
之大夫皆逢君之惡故曰今之大夫今
之諸侯之罪人也
長上聲○君有過不能諫又順之者
長君之惡也君之過未萌而先意導

之者逢君之惡也。○許氏曰邵子有言治春秋者不先治五霸之功罪則事無統理而不得聖人之心春秋之間有功者未有大於五霸有過者亦未有大於五霸故五霸者功之首罪之魁也孟子此章之義其亦若此也與然五霸得罪於三王今之諸侯得罪於五霸皆出於異世故得以逃其

罪至於今之大夫宜得罪於今之諸
侯則同時矣而諸侯非惟莫之罪也
乃反以爲良臣而厚禮之不以爲罪
而反以爲功何其謬哉
魯欲使慎子爲將軍
慎子魯臣
孟子曰不教民而用之謂之殃民殃民
者不容於堯舜之世

教民者教之禮義使知入事父兄出
事長上也用之使之戰也
一戰勝齊遂有南陽然且不可
是時魯蓋欲使愼子伐齊取南陽也
故孟子言就使愼子善戰有功如此
且猶不可
愼子勃然不悅曰此則滑釐所不識也
滑音骨○滑釐愼子名

曰吾明告子天子之地方千里不千里
不足以待諸侯諸侯之地方百里不百
里不足以守宗廟之典籍
待諸侯謂待其朝覲聘問之禮宗廟
典籍祭祀會同之常制也
周公之封於魯爲方百里也地非不足
而儉於百里太公之封於齊也亦爲方
百里也地非不足也而儉於百里

二公有大勳勞於天下而其封國不
過百里儉止而不過之意也
今魯方百里者五子以爲有王者作則
魯在所損乎在所益乎
魯地之大皆并吞小國而得之有王
者作則必在所損矣
徒取諸彼以與此然且仁者不爲況於
殺人以求之乎

徒空也言不殺人而取之也
君子之事君也務引其君以當道志於
仁而已
當道謂事合於理志仁謂心在於仁
孟子曰今之事君者曰我能爲君辟土地
充府庫今之所謂良臣古之所謂民賊也
君不鄉道不志於仁而求富之是富桀也
爲去聲辟與闢同鄉與向同下皆同

○辟開壘也

我能爲君約與國戰必克今之所謂良臣古之所謂民賊也君不鄉道不志於仁而求爲之強戰是輔桀也

約要結也與國和好相與之國也

由今之道無變今之俗雖與之天下不能一朝居也

言必爭奪而至於危亡也

白圭曰吾欲二十而取一何如
白圭名丹周人也欲更稅法二十分而取其一分。林氏曰按史記白圭能薄飲食忍耆欲與童僕同苦樂樂觀時變人棄我取人取我與以此居積致富其爲此論蓋欲以其術施之國家也
孟子曰子之道貉道也

貉音陌。貉北方夷狄之國名也

萬室之國一人陶則可乎曰不可器不足用也

孟子設喻以詰圭而圭亦知其不可也

曰夫貉五穀不生惟黍生之無城郭宮室宗廟祭祀之禮無諸侯幣帛饔飧無百官有司故二十取一而足也

夫音扶。北方地寒不生五穀黍早
熟故生之饔飧以飲食饋客之禮也
今居中國去人倫無君子如之何其可
也
無君臣祭祀交際之禮是去人倫無
百官有司是無君子
陶以寡且不可以爲國况無君子乎
因其辭以折之

欲輕之於堯舜之道者大貉小貉也欲重之於堯舜之道者大桀小桀也

什一而稅堯舜之道也多則桀寡則貉今欲輕重之則是小貉小桀而已

白圭曰丹之治水也愈於禹

趙氏曰當時諸侯有小水白圭爲之築隄壅而注之他國

孟子曰子過矣禹之治水水之道也

順水之性也

是故禹以四海爲壑今吾子以鄰國爲壑

壑受水處也

水逆行謂之洚水洚水者洪水也仁人之所惡也吾子過矣

惡去聲○水逆行者下流壅塞故水逆流今乃壅水以害人則與洪水之

災無異矣

孟子曰君子不亮惡乎執

惡平聲○亮信也與諒同惡乎執言

凡事苟且無所執持也

魯欲使樂正子爲政孟子曰吾聞之喜

而不寐

喜其道之得行

公孫丑曰樂正子強乎曰否有知慮乎

曰否多聞識乎曰否
知去聲。此三者皆當世之所尚而
樂正子之所短故丑疑而歷問之
然則奚爲喜而不寐
丑問也
曰其爲人也好善
好去聲下同
好善足乎

丑問也
曰好善優於天下而況魯國乎
優有餘裕也言雖治天下尚有餘力
也
夫苟好善則四海之内皆將輕千里而
來告之以善
夫音扶下同○輕易也言不以千里
爲難也

夫苟不好善則人將曰訑訑予既已知之矣訑訑之聲音顏色距人於千里之外士止於千里之外則讒諂面諛之人至矣與讒諂面諛之人居國欲治可得乎

訑音移治去聲。○訑訑自足其智不嗜善言之貌君子小人迭爲消長直諒多聞之士遠則讒諂面諛之人至

理勢然也○此章言爲政不在於用一己之長而貴於有以來天下之善

陳子曰古之君子何如則仕孟子曰所就三所去三

其目在下

迎之致敬以有禮言將行其言也則就之禮貌未衰言弗行也則去之

所謂見行可之仕若孔子於季威子

是也受女樂而不朝則去之矣

其次雖未行其言也迎之致敬以有禮

則就之禮貌衰則去之

所謂際可之仕若孔子於衛靈公是

也故與公遊於囿公仰視蜚鴈而後

去之

其下朝不食夕不食飢餓不能出門戶

君聞之曰吾大者不能行其道又不能

從其言也使飢餓於我土地吾恥之周
之亦可受也免死而已矣
所謂公養之仕也君之於民固有周
之之義況此又有悔過之言所以可
受然未至於飢餓不能出門户則猶
不受也其曰免死而已則其所受亦
有節矣

孟子曰舜發於畎畝之中傅説舉於版

築之閒膠鬲舉於魚鹽之中管夷吾舉
於士孫叔敖舉於海百里奚舉於市
說音悅○舜耕歷山三十登庸說築
傅巖武丁舉之膠鬲遭亂鬻販魚鹽
文王舉之管仲囚於士官威公舉以
相國孫叔敖隱處海濱楚莊王舉之
爲令尹百里奚事見前篇
故天將降大任於是人也必先苦其心

志勞其筋骨餓其體膚空乏其身行拂亂其所爲所以動心忍性曾益其所不能、

曾與增同○降大任使之任大事也若舜以下是也空窮也乏絶也拂戾也言使之所爲不遂多背戾也動心忍性謂竦動其心堅忍其性也然所謂性亦指氣稟食色而言耳○程子

曰若要熟也須從這裏過

人恒過然後能改困於心衡於慮而後

作徵於色發於聲而後喻

衡與横同○恒常也猶言大率也横

不順也作奮起也徵驗也喻曉也此

又言中人之性常必有過然後能改

蓋不能謹於平日故必事勢窮蹙以

至困於心横於慮然後能奮發而興

起不能燭於幾微故必事理暴著以
至驗於人之色發於人之聲然後能
警悟而通曉也
入則無法家拂士出則無敵國外患者
國恒亡
拂與弼同○此言國亦然也法家法
度之世臣也拂士輔拂之賢士也
然後知生於憂患而死於安樂也

樂音洛○以上文觀之則知人之生
全出於憂患而死亡由於安樂矣○
尹氏曰言困窮拂鬱能堅人之志而
熟人之仁以安樂失之者多矣
孟子曰教亦多術矣予不屑之教誨也
者是亦教誨之而已矣
多術言非一端屑潔也不以其人爲
潔而拒絕之所謂不屑之教誨也其

人若能感此退自修省則是亦我教誨之也○尹氏曰言或抑或揚或與或不與各因其才而篤之無非教也

孟子卷第十二

（宋）朱熹　集注

宋本孟子集注

第三册

國家圖書館出版社

第三册目録

孟子卷第七　朱熹集注

離婁章句上

凡二十八章

孟子曰離婁之明公輸子之巧不以規矩不能成方員師曠之聰不以六律不能正五音堯舜之道不以仁政不能平治天下

離婁古之明目者公輸子名班魯之

巧人也規所以爲貟之器也矩所以爲方之器也師曠晉之樂師知音者也六律截竹爲筩陰陽各六以節五音之上下黃鍾太蔟姑洗蕤賓夷則無射爲陽大呂夾鍾仲呂林鍾南呂應鍾爲陰也五音宮商角徵羽也○范氏曰此言治天下不可無法度仁政者治天下之法度也

今有仁心仁聞而民不被其澤不可法
於後世者不行先王之道也
聞去聲○仁心愛人之心也仁聞者
有愛人之聲聞於人也先王之道仁
政是也范氏曰齊宣王不忍一牛之
死以羊易之可謂有仁心梁武帝終
日一食蔬素宗廟以麪爲犧牲斷死
刑必爲之涕泣天下知其慈仁可謂

有仁聞然而宣王之時齊國不治武帝之末江南大亂其故何哉有仁心仁聞而不行先王之道故也

故曰徒善不足以爲政徒法不能以自行

徒猶空也有其心無其政是謂徒善有其政無其心是謂徒法程子嘗言爲政須要有綱紀文章謹權審量讀

法平價皆不可闕而又曰必有關雎
麟趾之意然後可以行周官之法度
正謂此也
詩云不愆不忘率由舊章遵先王之法
而過者未之有也
詩大雅假樂之篇愆過也率循也章
典法也所行不過差不遺忘者以其
循用舊典故也

聖人既竭目力焉繼之以規矩準繩以爲方員平直不可勝用也既竭耳力焉繼之以六律正五音不可勝用也既竭心思焉繼之以不忍人之政而仁覆天下矣

勝平聲○準所以爲平繩所以爲直覆被也此言古之聖人既竭耳目心思之力然猶以爲未足以徧天下及

後世故制爲法度以繼續之則其用

不窮而仁之所被廣矣

故曰爲高必因丘陵爲下必因川澤爲

政不因先王之道可謂智乎

丘陵本高川澤本下爲高下者因之

則用力少而成功多矣鄒氏曰自章

首至此論以仁心仁聞行先王之道

是以惟仁者宜在高位不仁而在高位

是播其惡於衆也

仁者有仁心仁聞而能擴而充之以行先王之道者也播惡於衆謂貽患於下也

上無道揆也下無法守也朝不信道工不信度君子犯義小人犯刑國之所存者幸也

朝音潮○此言不仁而在高位之禍

也道義理也揆度也法制度也道揆謂以義理度量事物而制其宜法守謂以法度自守工官也度即法也君子小人以位而言也由上無道揆故下無法守無道揆則朝不信道而君子犯義無法守則工不信度而小人犯刑有此六者其國必亡其不亡者僥倖而已

故曰城郭不完兵甲不多非國之災也田野不辟貨財不聚非國之害也上無禮下無學賊民興喪無日矣

辟與闢同喪去聲○上不知禮則無以教民下不知學則易與爲亂鄒氏曰自是以仁者至此所以責其君

詩曰天之方蹶無然泄泄

蹶居衛反泄弋制反○詩大雅板之

篇蹶顛覆之意泄泄怠緩悅從之貌
言天欲顛覆周室羣臣無得泄泄然
不急救正之
泄泄猶沓沓也
沓徒合反 ○ 沓沓即泄泄之意蓋孟
子時人語如此
事君無義進退無禮言則非先王之道
者猶沓沓也

非詆毀也
故曰責難於君謂之恭陳善閉邪謂之
敬吾君不能謂之賊
范氏曰人臣以難事責於君使其君
爲堯舜之君者尊君之大也開陳善
道以禁閉君之邪心唯恐其君或陷
於有過之地者敬君之至也謂其君
不能行善道而不以告者賊害其君

之甚也○鄒氏曰自詩云天之方蹶
至此所以責其臣○鄒氏曰此章言
爲治者當有仁心仁聞以行先王之
政而君臣又當各任其責也

孟子曰規矩方員之至也聖人人倫之
至也

至極也人倫說見前篇規矩盡所以
爲方員之理猶聖人盡所以爲人之

道
欲爲君盡君道欲爲臣盡臣道二者皆法堯舜而已矣不以舜之所以事堯事君不敬其君者也不以堯之所以治民治民賊其民者也

法堯舜以盡君臣之道猶用規矩以盡方員之極此孟子所以道性善而稱堯舜也

孔子曰道二仁與不仁而已矣
法堯舜則盡君臣之道而仁矣不法
堯舜則慢君賊民而不仁矣二端之
外更無佗道出乎此則入乎彼矣可
不謹哉
暴其民甚則身弒國亡不甚則身危國
削名之曰幽厲雖孝子慈孫百世不能
改也

幽暗厲虐皆惡謚也苟得其實則雖
有孝子慈孫愛其祖考之甚者亦不
得廢公義而改之言不仁之禍必至
於此可懼之甚也
詩云殷鑒不遠在夏后之世此之謂也
詩大雅蕩之篇言商紂之所當鑒者
近在夏桀之世而孟子引之又欲後
人以幽厲爲鑒也

孟子曰三代之得天下也以仁其失天下也以不仁

三代謂夏商周也禹湯文武以仁得之桀紂幽厲以不仁失之

國之所以廢興存亡者亦然

國謂諸侯之國

天子不仁不保四海諸侯不仁不保社稷卿大夫不仁不保宗廟士庶人不仁

不保四體
　言必死亡
今惡死亡而樂不仁是猶惡醉而強酒
惡去聲樂音洛強上聲○此承上章
之意而推言之也
孟子曰愛人不親反其仁治人不治反
其智禮人不答反其敬
治人之治平聲不治之治去聲○我

愛人而人不親我則反求諸己恐我之仁未至也智敬放此

行有不得者皆反求諸己其身正而天下歸之

不得謂不得其所欲如不親不治不答是也反求諸己謂反其仁反其智反其敬也如此則其自治益詳而身無不正矣天下歸之極言其效也

詩云永言配命自求多福

解見前篇○亦承上章而言

孟子曰人有恒言皆曰天下國家天下之本在國國之本在家家之本在身

恒胡登反○恒常也雖常言之而未必知其言之有序也故推言之而又以家本乎身也此亦承上章而言之大學所謂自天子至於庶人壹是皆

以修身爲本爲是故也
孟子曰爲政不難不得罪於巨室巨室之所慕一國慕之一國之所慕天下慕之故沛然德教溢乎四海
巨室世臣大家也得罪謂身不正而取怨怒也麥丘邑人祝齊威公曰願主君無得罪於羣臣百姓意蓋如此慕向也心悅誠服之謂也沛然盛大

流行之貌溢充蒲也蓋巨室之心難
以力服而國人素所取信今旣悅服
則國人皆服而吾德教之所施可以
無遠而不至矣此亦承上章而言蓋
君子不患人心之不服而患吾身之
不修吾身旣修則人心之難服者先
服而無一人之不服矣○林氏曰戰
國之世諸侯失德巨室擅權爲患甚

矣然或者不修其本而遽欲勝之則未必能勝而適以取禍故孟子推本而言惟務修德以服其心彼既悅服則吾之德教無所留礙可以及乎天下矣裴度所謂韓洪輿疾討賊承宗斂手削地非朝廷之力能制其死命特以處置得宜能服其心故爾政此類也

孟子曰天下有道小德役大德小賢役大賢天下無道小役大弱役強斯二者天也順天者存逆天者亡

有道之世人皆修德而位必稱其德之大小天下無道人不修德則但以力相役而已天者理勢之當然也

齊景公曰既不能令又不受命是絶物也涕出而女於吴

女去聲○引此以言小役大弱役強之事也令出令以使人也受命聽命於人也物猶人也女以女與人也吳蠻夷之國也景公羞與爲昏而畏其強故涕泣而以女與之

令也小國師大國而恥受命焉是猶弟子而恥受命於先師也

言小國不修德以自強其般樂怠敖

皆若效大國之所爲者而獨恥受其
教命不可得也
如恥之莫若師文王師文王大國五年
小國七年必爲政於天下矣
此因其愧恥之心而勉以修德也文
王之政布在方策舉而行之所謂師
文王也五年七年以其所乘之勢不
同爲差蓋天下雖無道然修德之至

則道自我行而大國反爲吾役矣○
程子曰五年七年聖人度其時則可
矣然凡此類學者皆當思其作爲如
何乃有益耳
詩云商之孫子其麗不億上帝既命侯
于周服侯服于周天命靡常殷士膚敏
祼將于京孔子曰仁不可爲衆也夫國
君好仁天下無敵

祼音灌夫音扶好去聲○詩大雅文王之篇孟子引此詩及孔子之言以言文王之事麗數也十萬曰億侯維也商士商孫子之臣也膚大也敏達也祼宗廟之祭以鬱鬯之酒灌地而降神也將助也言商之孫子衆多其數不但十萬而已上帝既命周以天下則凡此商之孫子皆臣服于周矣

所以然者以天命不常歸于有德故
也是以商士之膚大而敏達者皆執
祼獻之禮助王祭事于周之京師也
孔子因讀此詩而言有仁者則雖有
十萬之衆不能當之故國君好仁則
必無敵於天下也不可爲衆猶所謂
難爲兄難爲弟云爾
今也欲無敵於天下而不以仁是猶執

熱而不以濯也詩云誰能執熱逝不以
濯
恥受命於大國是欲無敵於天下也
乃師大國而不師文王是不以仁也
詩大雅桑柔之篇逝語辭也言誰能
執持熱物而不以水自濯其手乎○
此章言不能自強則聽天所命修德
行仁則天命在我

孟子曰不仁者可與言哉安其危而利其菑樂其所以亡者不仁而可與言則何亡國敗家之有

菑與災同樂音洛○安其危利其菑者不知其爲危菑而反以爲安利也所以亡者謂荒淫暴虐所以致亡之道也不仁之人私欲固蔽失其本心故其顚倒錯亂至於如此所以不可

告以忠言而卒至於敗亡也
有孺子歌曰滄浪之水清兮可以濯我
纓滄浪之水濁兮可以濯我足
浪音郎○滄浪水名纓冠系也
孔子曰小子聽之清斯濯纓濁斯濯足
矣自取之也
言水之清濁有以自取之也聖人聲
入心通無非至理此類可見

夫人必自侮然後人侮之家必自毁而後人毁之國必自伐而後人伐之

夫音扶○所謂自取之者

太甲曰天作孽猶可違自作孽不可活此之謂也

解見前篇○此章言心存則有以審夫得失之幾不存則無以辨於存亡之著禍福之來皆其自取

孟子曰桀紂之失天下也失其民也失其民者失其心也得天下有道得其民斯得天下矣得其民有道得其心斯得民矣得其心有道所欲與之聚之所惡勿施爾也

惡去聲○民之所欲皆爲致之如聚斂然民之所惡則勿施於民鼂錯所謂人情莫不欲壽三王生之而不傷

人情莫不欲富三王厚之而不困人情莫不欲安三王扶之而不危人情莫不欲逸三王節其力而不盡此類之謂也

民之歸仁也猶水之就下獸之走壙也走音奏○壙廣野也言民之所以歸乎此以其所欲之在乎此也

故爲淵敺魚者獺也爲叢敺爵者鸇也

爲湯武敺民者桀與紂也

爲去聲敺與驅同獺音闥爵與雀同
鸇諸延反○淵深水也獺食魚者也
叢茂林也鸇食雀者也言民之所以
去此以其所欲在彼而所畏在此也

今天下之君有好仁者則諸侯皆爲之
敺矣雖欲無王不可得已

好爲王皆去聲

今之欲王者猶七年之病求三年之艾也苟爲不畜終身不得苟不志於仁終身憂辱以陷於死亡

王去聲○艾草名所以灸者乾久益善夫病已深而欲求乾久之艾固卒難辨然自今畜之則猶或可及不然則病日益深死日益迫而艾終不可得矣

詩云其何能淑載胥及溺此之謂也
詩大雅桑柔之篇淑善也載則也胥
相也言今之所爲其何能善則相引
以陷於亂云而已
孟子曰自暴者不可與有言也自棄者
不可與有爲也言非禮義謂之自暴也
吾身不能居仁由義謂之自棄也
暴猶害也非猶毀也自害其身者不

知禮義之爲美而非毀之雖與之言必不見信也自棄其身者猶知禮義之爲美但溺於怠惰自謂必不能行與之有爲必不能勉也○程子曰人苟以善自治則無不可移者雖昏愚之至皆可漸磨而進也惟自暴者拒之以不信自棄者絶之以不爲雖聖人與居不能化而入也此所謂下愚

之不移也
仁人之安宅也義人之正路也
仁宅已見前篇義者宜也乃天理之當行無人欲之邪曲故曰正路
曠安宅而弗居舍正路而不由哀哉
舍上聲。曠空也由行也。此章言道本固有而人自絕之是可哀已此聖賢之深戒學者所當猛省也

孟子曰道在爾而求諸遠事在易而求之難人人親其親長其長而天下平

爾邇古字通用易去聲長上聲○親長在人爲甚邇親之長之在人爲甚易而道初不外是也舍此而它求則遠且難而反失之但人人各親其親各長其長則天下自平矣

孟子曰居下位而不獲於上民不可得

而治也獲於上有道不信於友弗獲於
上矣信於友有道事親弗悅弗信於友
矣悅親有道反身不誠不悅於親矣誠
身有道不明乎善不誠其身矣
獲於上得其上之信任也誠實也反
身不誠反求諸身而其所以爲善之
心有不實也不明乎善不能即事以
窮理無以眞知善之所在也○游氏

曰欲誠其意先致其知不明乎善不誠乎身矣學至於誠身則安往而不致其極哉以内則順乎親以外則信乎友以上則可以得君以下則可以得民矣

是故誠者天之道也思誠者人之道也誠者理之在我者皆實而無僞天道之本然也思誠者欲此理之在我者

皆實而無僞人道之當然也

至誠而不動者未之有也不誠未有能動者也

至極也○楊氏曰動便是驗處若獲乎上信乎友悅於親之類是也○此章述中庸孔子之言見思誠爲脩身之本而明善又爲思誠之本乃子思所聞於曾子而孟子所受乎子思者

亦與大學相表裏學者宜潛心焉

孟子曰伯夷辟紂居北海之濱聞文王作興曰盍歸乎來吾聞西伯善養老者太公辟紂居東海之濱聞文王作興曰盍歸乎來吾聞西伯善養老者

辟去聲○作興皆起也盍何不也西伯即文王也紂命爲西方諸侯之長得專征伐故稱西伯太公姜姓呂氏

名尚文王發政必先鰥寡孤獨庶人
之老皆無凍餒故伯夷太公來就其
養非求仕也
二老者天下之大老也而歸之是天下
之父歸之也天下之父歸之其子焉往
焉於虔反○二老伯夷太公也大老
言非常人之老者天下之父言齒德
皆尊如衆父然既得其心則天下之

心不能外矣蕭何所謂養民致賢以
圖天下者暗與此合但其意則有公
私之辨學者又不可以不察也
諸侯有行文王之政者七年之内必爲
政於天下矣
七年以小國而言也大國五年在其
中矣
孟子曰求也爲季氏宰無能改於其德

而賦粟倍他日孔子曰求非我徒也小子鳴鼓而攻之可也

求孔子弟子冉求季氏魯卿宰家臣賦猶取也取民之粟倍於他日也小子弟子也鳴鼓而攻之聲其罪而責之也

由此觀之君不行仁政而富之皆棄於孔子者也況於爲之强戰爭地以戰殺

人盈野爭城以戰殺人盈城此所謂率土地而食人肉罪不容於死

爲去聲○林氏曰富其君者奪民之財耳而夫子猶惡之況爲土地之故而殺人使其肝腦塗地則是率土地而食人之肉其罪之大雖至於死猶不足以容之也

故善戰者服上刑連諸侯者次之辟草

萊任土地者次之
辟與闢同○善戰如孫臏吳起之徒
連結諸侯如蘇秦張儀之類辟開墾
也任土地謂分土授民使任耕稼之
責如李悝盡地力商鞅開阡陌之類
也
孟子曰存乎人者莫良於眸子眸子不
能掩其惡胷中正則眸子瞭焉胷中不

正則眸子眊焉
眸音牟瞭音了眊音耄○良善也眸子目瞳子也瞭明也眊者蒙蒙目不明之貌蓋人與物接之時其神在目故胷中正則神精而明不正則神散而昏
聽其言也觀其眸子人焉廋哉
焉於虔反廋音搜○廋匿也言亦心

之所發故并此以觀則人之邪正不
可匿矣然言猶可以僞爲眸子則有
不容僞者
孟子曰恭者不侮人儉者不奪人侮奪
人之君惟恐不順焉惡得爲恭儉恭儉
豈可以聲音笑貌爲哉
惡平聲○惟恐不順言恐人之不順
己聲音笑貌僞爲於外也

淳于髡曰男女授受不親禮與孟子曰
禮也曰嫂溺則援之以手乎曰嫂溺不
援是豺狼也男女授受不親禮也嫂溺
援之以手者權也
與平聲援音爰○淳于姓髡名齊之
辯士授與也受取也古禮男女不親
授受以遠別也援救之也權稱錘也
稱物輕重而往來以取中者也權而

得中是乃禮也
曰今天下溺矣夫子之不援何也
言今天下大亂民遭陷溺亦當從權
以援之不可守先王之正道也
曰天下溺援之以道嫂溺援之以手子
欲手援天下乎
言天下溺惟道可以捄之非若嫂溺
可手援也今子欲援天下乃欲使我

枉道求合則先失其所以援之之具
矣是欲使我以手援天下乎○此章
言直己守道所以濟時枉道徇人徒
爲失己
公孫丑曰君子之不教子何也
不親教也
孟子曰勢不行也教者必以正以正不
行繼之以怒繼之以怒則反夷矣夫子

教我以正夫子未出於正也則是父子
相夷也父子相夷則惡矣
夷傷也教子者本爲愛其子也繼之
以怒則反傷其子矣父既傷其子子
之心又責其父曰夫子教我以正道
而夫子之身未必自行正道則是子
又傷其父也
古者易子而教之

易子而教所以全父子之恩而亦不
失其爲教
父子之間不責善責善則離離則不祥
莫大焉
責善朋友之道也○王氏曰父有爭
子何也所謂爭者非責善也當不義
則爭之而已矣父之於子也如何曰
當不義則亦戒之而已矣

孟子曰事孰爲大事親爲大守孰爲大守身爲大不失其身而能事其親者吾聞之矣失其身而能事其親者吾未聞之也

守身持守其身使不陷於不義也一失其身則虧體辱親雖日用三牲之養亦不足以爲孝矣

孰不爲事事親事之本也孰不爲守守

身守之本也
事親孝則忠可移於君順可移於長
身正則家齊國治而天下平
曾子養曾晳必有酒肉將徹必請所與
問有餘必曰有曾晳死曾元養曾子必
有酒肉將徹不請所與問有餘曰亡矣
將以復進也此所謂養口體者也若曾
子則可謂養志也

養去聲復扶又反○此承上文事親言之曾晳名點曾子父也曾元曾子子也曾子養其父每食必有酒肉食畢將徹去必請於父曰此餘者與誰或父問此物尚有餘否必曰有恐親意更欲與人也曾元不請所與雖有言無其意將以復進於親不欲其與人也此但能養父母之口體而已曾

子則能承順父母之志而不忍傷之
也
事親若曾子者可也
言當如曾子之養志不可如曾元但
養口體○程子曰子之身所能爲者
皆所當爲無過分之事也故事親若
曾子可謂至矣而孟子止曰可也豈
以曾子之孝爲有餘哉

孟子曰人不足與適也政不足閒也惟大人爲能格君心之非君仁莫不仁君義莫不義君正莫不正一正君而國定矣

適音讁閒去聲○趙氏曰適過也閒非也格正也○徐氏曰格者物之所取正也書曰格其非心愚謂閒字上亦當有與字言人君用人之非不足

過謫行政之失不足非間惟有大人之德則能格其君心之不正以歸於正而國無不治矣大人者大德之人正己而物正者也○程子曰天下之治亂繫乎人君之仁與不仁耳心之非即害於政不待乎發之於外也昔者孟子三見齊王而不言事門人疑之○孟子曰我先攻其邪心心既正

而後天下之事可從而理也夫政事之失用人之非知者能更之直者能諫之然非心存焉則事事而更之後復有其事將不勝其更矣人人而去之後復用其人將不勝其去矣是以輔相之職必在乎格君心之非然後無所不正而欲格君心之非者非有大人之德則亦莫之能也

孟子曰有不虞之譽有求全之毀

虞度也○吕氏曰行不足以致譽而偶得譽是謂不虞之譽求免於毀而反致毀是謂求全之毀言毀譽之言未必皆實脩己者不可以是遽爲憂喜觀人者不可以是輕爲進退

孟子曰人之易其言也無責耳矣

易去聲○人之所以輕易其言者以

其未遭失言之責故耳蓋常人之情

無所懲於前則無所警於後非以爲

君子之學必俟有責而後不敢易其

言也然此豈亦有爲而言之與

孟子曰人之患在好爲人師

好去聲○王勉曰學問有餘人資於

己不得已而應之可也若好爲人師

則自足而不復有進矣此人之大患

也

樂正子從於子敖之齊

子敖王驩字

樂正子見孟子孟子曰子亦來見我乎

曰先生何爲出此言也曰子來幾日矣

曰昔者曰昔者則我出此言也不亦宜

乎曰舍館未定曰子聞之也舍館定然

後求見長者乎

長上聲○昔者前日也館客舍也王
驩孟子所不與言者則其人可知矣
樂正子乃從之行其失身之罪大矣
又不早見長者則其罪又有甚者焉
故孟子姑以此責之
曰克有罪
陳氏曰樂正子固不能無罪矣然其
勇於受責如此非好善而篤信之其

能若是乎世有強辯飾非聞諫愈甚
者又樂正子之罪人也
孟子謂樂正子曰子之從於子敖來徒
餔啜也我不意子學古之道而以餔啜
也
餔博孤反啜昌悅反○徒但也餔食
也啜飲也言其不擇所從但求食耳
此乃正其罪而切責之

孟子曰不孝有三無後爲大
趙氏曰於禮有不孝者三事謂阿意曲從陷親不義一也家貧親老不爲祿仕二也不娶無子絶先祖祀三也三者之中無後爲大
舜不告而娶爲無後也君子以爲猶告也
爲無之爲去聲○舜告焉則不得娶

而終於無後矣告者禮也不告者權也猶告言與告同也蓋權而得中則不離於正矣○范氏曰天下之道有正有權正者萬世之常權者一時之用常道人皆可守權非體道者不能用也蓋權出於不得已者也若父非瞽瞍子非大舜而欲不告而娶則天下之罪人也

孟子曰仁之實事親是也義之實從兄是也

仁主於愛而愛莫切於事親義主於敬而敬莫先於從兄故仁義之道其用至廣而其實不越於事親從兄之間蓋良心之發最爲切近而精實者有子以孝弟爲爲仁之本其意亦猶此也

智之實知斯二者弗去是也禮之實節
文斯二者是也樂之實樂斯二者樂則
生矣生則惡可已也惡可已則不知足
之蹈之手之舞之
樂斯樂則之樂音洛惡平聲○斯二
者指事親從兄而言知而弗去則見
之明而守之固矣節文謂品節文章
樂則生矣謂和順從容無所勉强事

親從兄之意油然自生如草木之有
生意也既有生意則其暢茂條達自
有不可遏者所謂惡可已也其又盛
則至於手舞足蹈而不自知矣○此
章言事親從兄良心眞切天下之道
皆原於此然必知之明而守之固然
後節之密而樂之深也

孟子曰天下大悅而將歸己視天下悅

而歸己猶草芥也惟舜爲然不得乎親
不可以爲人不順乎親不可以爲子
言舜視天下之歸己如草芥而惟欲
得其親而順之也得者曲爲承順以
得其心之悅而已順則有以諭之於
道心與之一而未始有違尤人所難
也爲人蓋泛言之爲子則愈密矣
舜盡事親之道而瞽瞍底豫瞽瞍底豫

而天下化瞽瞍厎豫而天下之爲父子
者定此之謂大孝
厎之爾反○瞽瞍舜父名厎致也豫
悅樂也瞽瞍至頑甞欲殺舜至是而
厎豫焉書所謂不格姦亦允若是也
蓋舜至此而有以順乎親矣是以天
下之爲子者知天下無不可事之親
顧吾所以事之者未若舜耳於是莫

不勉而爲孝至於其親亦底豫焉則天下之爲父者亦莫不慈所謂化也子孝父慈各止其所而無不安其位之意所謂定也爲法於天下可傳於後世非止一身一家之孝而已此所以爲大孝也○李氏曰舜之所以能使瞽瞍底豫者盡事親之道共爲子職不見父母之非而已昔羅仲素語

此云只爲天下無不是底父母了翁
聞而善之曰唯如此而後天下之爲
父子者定彼臣弒其君子弒其父者
常始於見其有不是處耳

孟子卷第七

孟子卷第八

離婁章句下　　朱熹集注

凡三十三章

孟子曰舜生於諸馮遷於負夏卒於鳴條東夷之人也

諸馮負夏鳴條皆地名在東方夷服之地

文王生於岐周卒於畢郢西夷之人也

岐周岐山下周舊邑近畎夷畢郢近
豐鎬今有文王墓
地之相去也千有餘里世之相後也千
有餘歲得志行乎中國若合符節
得志行乎中國謂舜爲天子文王爲
方伯得行其道於天下也符節以玉
爲之篆刻文字而中分之彼此各藏
其半有故則左右相合以爲信也若

合符節言其同也
先聖後聖其揆一也
揆度也其揆一者言度之而其道無
不同也○范氏曰言聖人之生雖有
先後遠近之不同然其道則一也
子產聽鄭國之政以其乘輿濟人於溱
洧
乘去聲溱音臻洧榮美反○子產鄭

大夫公孫僑也溱洧二水名也子產
見人有徒涉此水者以其所乘之車
載而度之
孟子曰惠而不知爲政
惠謂私恩小利政則有公平正大之
體綱紀法度之施焉
歲十一月徒杠成十二月輿梁成民未
病涉也

杠音江○杠方橋也徒杠可通徒行
者梁亦橋也輿梁可通車輿者周十
一月夏九月也周十二月夏十月也
夏令曰十月成梁蓋農功已畢可用
民力又時將寒沍水有橋梁則民不
患於徒涉亦王政之一事也
君子平其政行辟人可也焉得人人而
濟之

辟與闢同，焉於虔反。○辟，辟除也。如周禮闢人爲之辟之辟。言能平其政，則出行之際，辟除行人，使之避己，亦不爲過，況國中之水，當涉者衆，豈能悉以乘輿濟之哉。故爲政者每人而悅之，日亦不足矣。言每人皆欲致私恩以悅其意，則人多日少，亦不足於用矣。諸葛武侯嘗

言治世以大德不以小惠得孟子之意矣

孟子告齊宣王曰君之視臣如手足則臣視君如腹心君之視臣如犬馬則臣視君如國人君之視臣如土芥則臣視君如寇讎

孔氏曰宣王之遇臣下恩禮衰薄至於昔者所進今日不知其亡則其於

羣臣可謂邈然無敬矣故孟子告之
以此手足腹心相待一體恩義之至
也如犬馬則輕賤之然猶有豢養之
恩焉國人猶言路人言無怨無德也
土芥則踐踏之而已矣斬艾之而已
矣其賤惡之又甚矣寇讎之報不亦
宜乎

王曰禮爲舊君有服何如斯可爲服矣

爲去聲下爲之同○儀禮曰以道去
君而未絶者服齊衰三月王疑孟子
之言大甚故以此禮爲問
曰諫行言聽膏澤下於民有故而去則
君使人導之出疆又先於其所往去三
年不反然後收其田里此之謂三有禮
焉如此則爲之服矣
導之出疆防剽掠也先於其所往稱

道其賢欲其收用之也三年而後收
其田祿里居前此猶望其歸也
今也爲臣諫則不行言則不聽膏澤不
下於民有故而去則君搏執之又極之
於其所往去之日遂收其田里此之謂
寇讎寇讎何服之有
極窮也窮之於其所往之國如晉錮
欒盈也○潘興嗣曰孟子告齊王之

言猶孔子對定公之意也而其言有
迹不若孔子之渾然也蓋聖賢之别
如此○楊氏曰君臣以義合者也故
孟子爲齊王深言報施之道使知爲
君者不可不以禮遇其臣耳若君子
之自處則豈處其薄乎○孟子曰王庶
幾改之予日望之君子之言蓋如此
孟子曰無罪而殺士則大夫可以去無

罪而戮民則士可以徙

言君子當見幾而作禍已迫則不能去矣

孟子曰君仁莫不仁君義莫不義

張氏曰此章重出然上篇主言人臣當以正君爲急此章直戒人君義亦小異耳

孟子曰非禮之禮非義之義大人弗爲

察理不精故有二者之蔽大人則隨
事而順理因時而處宜豈爲是哉
孟子曰中也養不中才也養不才故人
樂有賢父兄也如中也棄不中才也棄
不才則賢不肖之相去其間不能以寸
樂音洛。無過不及之謂中足以有
爲之謂才養謂涵育薰陶俟其自化
也賢謂中而才者也樂有賢父兄者

樂其終能成己也爲父兄者若以子弟之不賢遂遽絶之而不能教則吾亦過中而不才矣其相去之間能幾何哉

孟子曰人有不爲也而後可以有爲

程子曰有不爲知所擇也惟能有不爲是以可以有爲無所不爲者安能有所爲邪

孟子曰言人之不善當如後患何

此亦有爲而言

孟子曰仲尼不爲已甚者

已猶太也○楊氏曰言聖人所爲本分之外不加毫末非孟子眞知孔子不能以是稱之

孟子曰大人者言不必信行不必果惟義所在

行去聲○必猶期也大人言行不先期於信果但義之所在則必從之卒亦未嘗不信果也○尹氏曰主於義則信果在其中矣主於信果則未必合義王勉曰若不合於義而不信不果則妄人爾

孟子曰大人者不失其赤子之心者也

大人之心通達萬變赤子之心則純

一無僞而已然大人之所以爲大人正以其不爲物誘而有以全其純一無僞之本然是以擴而充之則無所不知無所不能而極其大也

孟子曰養生者不足以當大事惟送死可以當大事

養去聲○事生固當愛敬然亦人道之常耳至於送死則人道之大變孝

子之事親舍是無以用其力矣故尤以爲大事而必誠必信不使少有後日之悔也

孟子曰君子深造之以道欲其自得之也自得之則居之安居之安則資之深資之深則取之左右逢其原故君子欲其自得之也

造七到反○造詣也深造之者進而

不已之意道則其進爲之方也資猶藉也左右身之兩旁言至近而非一處也逢猶值也原本也水之來處也言君子務於深造而必以其道者欲其有所持循以俟夫默識心通自然而得之於己也自得於己則所以處之者安固而不摇處之安固則所藉者深遠而無盡所藉者深則日用之

間取之至近無所往而不值其所資之本也○程子曰學不言而自得者乃自得也有安排布置者皆非自得也然必潛心積慮優游厭飫於其間然後可以有得若急迫求之則是私己而已終不足以得之也

孟子曰博學而詳說之將以反說約也言所以博學於文而詳說其理者非

欲以誇多而鬬靡也欲其融會貫通有以反而説到至約之地耳蓋承上章之意而言學非欲其徒博而亦不可以徑約也

孟子曰以善服人者未有能服人者也以善養人然後能服天下天下不心服而王者未之有也

王去聲○服人者欲以取勝於人養

人者欲其同歸於善蓋心之公私小異而人之嚮背頓殊學者於此不可以不審也

孟子曰言無實不祥不祥之實蔽賢者當之

或曰天下之言無有實不祥者惟蔽賢爲不祥之實或曰言而無實者不祥故蔽賢爲不祥之實二說不同未

知孰是疑或有闕文焉
徐子曰仲尼亟稱於水曰水哉水哉何
取於水也
亟去吏反。亟數也水哉水哉歎美
之辭
孟子曰原泉混混不舍晝夜盈科而後
進放乎四海有本者如是是之取爾
舍放皆上聲。原泉有原之水也混

混湧出之貌不舍晝夜言常出不竭
也盈滿也科坎也言其進以漸也放
至也言水有原本不已而漸進以至
于海如人有實行則亦不已而漸進
以至于極也
苟爲無本七八月之閒雨集溝澮皆盈
其涸也可立而待也故聲聞過情君子
恥之

澮古外反涸下各反聞去聲○集聚也澮田間水道也涸乾也如人無實行而暴得虛譽不能長久也聲聞名譽也情實也恥恥其無實而將不繼也○林氏曰徐子之爲人必有躐等干譽之病故孟子以是荅之○鄒氏曰孔子之稱水其旨微矣孟子獨取此者自徐子之所急者言之也孔

子嘗以聞達告子張矣達者有本之謂也聞則無本之謂也然則學者其可以不務本乎

孟子曰人之所以異於禽獸者幾希庶民去之君子存之

幾希少也庶衆也人物之生同得天地之理以爲性同得天地之氣以爲形其不同者獨人於其間得形氣之

正而能有以全其性爲少異耳雖曰少異然人物之所以分實在於此衆人不知此而去之則名雖爲人而實無以異於禽獸君子知此而存之是以戰兢惕厲而卒能有以全其所受之理也

舜明於庶物察於人倫由仁義行非行仁義也

物事物也明則有以識其理也人倫説見前篇察則有以盡其理之詳也物理固非度外而人倫尤切於身故其知之有詳略之異在舜則皆生而知之也由仁義行非行仁義則仁義已根於心而所行皆從此出非以仁義爲美而後勉強行之所謂安而行之也此則聖人之事不待存之而無

不存矣○尹氏曰存之者君子也存
者聖人也君子所存存天理也由仁
義行存者能之
孟子曰禹惡旨酒而好善言
惡好皆去聲○戰國策曰儀狄作酒
禹飲而甘之曰後世必有以酒亡其
國者遂疏儀狄而絕旨酒書曰禹拜
昌言

湯執中立賢無方

執謂守而不失中者無過不及之名方猶類也立賢無方惟賢則立之於位不問其類也

文王視民如傷望道而未之見

而讀爲如古字通用○民已安矣而視之猶若有傷道已至矣而望之猶若未見聖人之愛民深而求道切如

此不自滿足終日乾乾之心也
武王不泄邇不忘遠
泄狎也邇者人所易狎而不泄遠者
人所易忘而不忘德之盛仁之至也
周公思兼三王以施四事其有不合者
仰而思之夜以繼日幸而得之坐以待
旦
三王禹也湯也文武也四事上四條

之事也時異勢殊故其事或有所不合思而得之則其理初不異矣坐以待旦急於行也○此承上章言舜因歷叙羣聖以繼之而各舉其一事以見其憂勤惕厲之意蓋天理之所以常存而人心之所以不死也○程子曰孟子所稱各因其一事而言非謂武王不能執中立賢湯却泄邇忘遠

也人謂各舉其盛亦非也聖人亦無
不盛
孟子曰王者之迹熄而詩亡詩亡然後
春秋作
王者之迹熄謂平王東遷而政教號
令不及於天下也詩亡謂黍離降爲
國風而雅亡也春秋魯史記之名孔
子因而筆削之始於魯隱公之元年

實平王之四十九年也
晉之乘楚之檮杌魯之春秋一也
乘去聲檮音逃杌音兀○乘義未詳
趙氏以爲興於田賦乘馬之事或曰
取記載當時行事而名之也檮杌惡
獸名古者因以爲凶人之號取記惡
垂戒之義也春秋者記事者必表年
以首事年有四時故錯舉以爲所記

之名也古者列國皆有史官掌記時
事此三者皆其所記冊書之名也
其事則齊桓晉文其文則史孔子曰其
義則丘竊取之矣
春秋之時五霸迭興而威文爲盛史
史官也竊取者謙辭也公羊傳作其
辭則丘有罪焉爾意亦如此蓋言斷
之在己所謂筆則筆削則削游夏不

能贊一辭者也。尹氏曰言孔子作
春秋亦以史之文載當時之事也而
其義則定天下之邪正爲百王之大
法。此又承上章歷叙羣聖因以孔
子之事繼之而孔子之事莫大於春
秋故特言之
孟子曰君子之澤五世而斬小人之澤
五世而斬

澤猶言流風餘韻也父子相繼爲一
世三十年亦爲一世斬絶也大約君
子小人之澤五世而絶也○楊氏曰
四世而緦服之窮也五世袒免殺同
姓也六世親屬竭矣服窮則遺澤寖
微故五世而斬
予未得爲孔子徒也予私淑諸人也
私猶竊也淑善也李氏以爲方言是

也人謂子思之徒也自孔子卒至孟
子游梁時方百四十餘年而孟子已
老然則孟子之生去孔子未百年也
故孟子言予雖未得親受業於孔子
之門然聖人之澤尚存猶有能傳其
學者故我得聞孔子之道於人而私
竊以善其身蓋推尊孔子而自謙之
辭也○此又承上三章歷敘舜禹至

於周孔而以是終之其詞雖謙然其
所以自任之重亦有不得而辭者矣
孟子曰可以取可以無取取傷廉可以
與可以無與與傷惠可以死可以無死
死傷勇
先言可以者略見而自許之辭也後
言可以無者深察而自疑之辭也過
取固害於廉然過與亦反害其惠過

死亦反害其勇蓋過猶不及之意也
○林氏曰公西華受五秉之粟是傷
廉也冉子與之是傷惠也子路之死
於衛是傷勇也
逢蒙學射於羿盡羿之道思天下惟羿
爲愈己於是殺羿孟子曰是亦羿有罪
焉公明儀曰宜若無罪焉曰薄乎云爾
惡得無罪

逄薄江反惡平聲○羿有窮后羿也
逄蒙羿之家衆也羿善射篡夏自立
後爲家衆所殺愈猶勝也薄言其罪
差薄耳
鄭人使子濯孺子侵衛衛使庾公之斯
追之子濯孺子曰今日我疾作不可以
執弓吾死矣夫問其僕曰追我者誰也
其僕曰庾公之斯也曰吾生矣其僕曰

庾公之斯衛之善射者也夫子曰吾生何謂也曰庾公之斯學射於尹公之他尹公之他學射於我夫尹公之他端人也其取友必端矣庾公之斯至曰夫子何爲不執弓曰今日我疾作不可以執弓曰小人學射於尹公之他尹公之他學射於夫子我不忍以夫子之道反害夫子雖然今日之事君事也我不敢廢

抽矢扣輪去其金發乘矢而後反

他徒河反矣夫夫尹之夫並音扶去

上聲乘去聲○之語助也僕御也尹

公他亦衛人也端正也孺子以尹公

正人知其取友必正故度庾公必不

害己小人庾公自稱也金鏃也叩輪

出鏃令不害人乃以射也乘矢四矢

也孟子言使羿如子濯孺子得尹公

他而教之則必無逢蒙之禍然羿篡弑之賊蒙乃逆儔庾斯雖全私恩亦廢公義其事皆無足論者孟子蓋特以取友而言耳

孟子曰西子蒙不潔則人皆掩鼻而過之

西子美婦人蒙猶冒也不潔汚穢之物也掩鼻惡其臭也

雖有惡人齊戒沐浴則可以祀上帝

齊側皆反。惡人醜貌者也。尹氏曰此章戒人之喪善而勉人以自新也

孟子曰天下之言性也則故而已矣故者以利爲本

性者人物所得以生之理也故者其已然之跡若所謂天下之故者也利

猶順也語其自然之勢也言事物之
理雖若無形而難知然其發見之已
然則必有迹而易見故天下之言性
者但言其故而理自明猶所謂善言
天者必有驗於人也然其所謂故者
又必本其自然之勢如人之善水之
下非有所矯揉造作而然者也若人
之爲惡水之在山則非自然之故矣

所惡於智者爲其鑿也如智者若禹之
行水也則無惡於智矣禹之行水也行
其所無事也如智者亦行其所無事則
智亦大矣

惡爲皆去聲○天下之理本皆順利
小智之人務爲穿鑿所以失之禹之
行水則因其自然之勢而導之未嘗
以私智穿鑿而有所事是以水得其

潤下之性而不爲害也
天之高也星辰之遠也苟求其故千歲
之日至可坐而致也
天雖高星辰雖遠然求其已然之跡
則其運有常雖千歲之久其日至之
度可坐而得況於事物之近若因其
故而求之豈有不得其理者而何以
穿鑿爲哉必言日至者造曆者以上

古十一月甲子朔夜半冬至爲歷元也○程子曰此章專爲智而發愚謂事物之理莫非自然順而循之則爲大智若用小智而鑿以自私則害於性而反爲不智程子之言可謂深得此章之旨矣

公行子有子之喪右師往弔入門有進而與右師言者有就右師之位而與右

師言者
公行子齊大夫右師王驩也
孟子不與右師言右師不悅曰諸君子
皆與驩言孟子獨不與驩言是簡驩也
簡略也
孟子聞之曰禮朝廷不歷位而相與言
不踰階而相揖也我欲行禮子敖以我
爲簡不亦異乎

朝音潮○是時齊卿大夫以君命弔各有位次若周禮凡有爵者之喪禮則職喪涖其禁令序其事故云朝廷也歷更涉也位他人之位也右師未就位而進與之言則右師歷己之位矣右師已就位而就與之言則己歷右師之位矣孟子右師之位又不同階孟子不敢失此禮故不與右師言

也

孟子曰君子所以異於人者以其存心

也君子以仁存心以禮存心

以仁禮存心言以是存於心而不忘

也

仁者愛人有禮者敬人

此仁禮之施

愛人者人恒愛之敬人者人恒敬之

恒胡登反○此仁禮之驗

有人於此其待我以横逆則君子必自反也我必不仁也必無禮也此物奚宜至哉

横去聲下同○横逆謂强暴不順理也物事也

其自反而仁矣自反而有禮矣其横逆由是也君子必自反也我必不忠

由與猶同下放此○忠者盡己之謂我必不忠恐所以愛敬人者有所不盡其心也

自反而忠矣其橫逆由是也君子曰此亦妄人也已矣如此則與禽獸奚擇哉於禽獸又何難焉

難去聲○奚擇何異也又何難焉言不足與之校也

是故君子有終身之憂無一朝之患也
乃若所憂則有之舜人也我亦人也舜
爲法於天下可傳於後世我由未免爲
鄉人也是則可憂也憂之如何如舜而
巳矣若夫君子所患則亡矣非仁無爲
也非禮無行也如有一朝之患則君子
不患矣

夫音扶○鄉人鄉里之常人也君子

存心不苟故無後憂

禹稷當平世三過其門而不入孔子賢之

事見前篇

顏子當亂世居於陋巷一簞食一瓢飲人不堪其憂顏子不改其樂孔子賢之

食音嗣樂音洛

孟子曰禹稷顏回同道

聖賢之道進則救民退則脩己其心一而已矣

禹思天下有溺者由己溺之稷思天下有飢者由己飢之也是以如是其急也由與猶同○禹稷身任其職故以爲己責而救之急也

禹稷顔子易地則皆然

聖賢之心無所偏倚隨感而應各盡

其道故使禹稷居顔子之地則亦能
樂顔子之樂使顔子居禹稷之任亦
能憂禹稷之憂也
今有同室之人鬭者救之雖被髮纓冠
而救之可也
不暇束髮而結纓往救言急也以喻
禹稷
鄉鄰有鬭者被髮纓冠而往救之則惑

也雖閉戶可也
喻顔子也○此章言聖賢心無不同
事則所遭或異然處之各當其理是
乃所以爲同也○尹氏曰當其可之
謂時前聖後聖其心一也故所遇皆
盡善
公都子曰匡章通國皆稱不孝焉夫子
與之遊又從而禮貌之敢問何也

匡章齊人通國盡一國之人也禮貌
敬之也
孟子曰世俗所謂不孝者五惰其四支
不顧父母之養一不孝也博弈好飲酒
不顧父母之養二不孝也好貨財私妻
子不顧父母之養三不孝也從耳目之
欲以爲父母戮四不孝也好勇鬬很以
危父母五不孝也章子有一於是乎

好養從皆去聲很胡懇反○戮羞辱也很忿戾也

夫章子子父責善而不相遇也

夫音扶○遇合也相責以善而不相合故爲父所逐也

責善朋友之道也父子責善賊恩之大者

賊害也朋友當相責以善父子行之

則害天性之恩也
夫章子豈不欲有夫妻子母之屬哉爲
得罪於父不得近出妻屛子終身不養
焉其設心以爲不若是是則罪之大者
是則章子已矣
夫章之夫音扶爲去聲屛必井反養
去聲○言章子非不欲身有夫妻之
配子有子母之屬但爲身不得近於

父故不敢受妻子之養以自責罰其心以爲不如此則其罪益大也○此章之旨於衆所惡而必察焉可以見聖賢至公至仁之心矣○楊氏曰章子之行孟子非取之也特哀其志而不與之絶耳

曾子居武城有越寇或曰寇至盍去諸曰無寓人於我室毁傷其薪木寇退則

曰修我牆屋我將反寇退曾子反左右曰待先生如此其忠且敬也寇至則先去以爲民望寇退則反殆於不可沈猶行曰是非汝所知也昔沈猶有負芻之禍從先生者七十人未有與焉

與去聲○武城魯邑名盍何不也左右曾子之門人也忠敬言武城之大夫事曾子忠誠恭敬也爲民望言使

民望而效之沈猶行弟子姓名也言
曾子嘗舍於沈猶氏時有負芻者作
亂來攻沈猶氏曾子率其弟子去之
不與其難言師賓不與臣同
子思居於衛有齊寇或曰寇至盍去諸
子思曰如伋去君誰與守
言所以不去之意如此
孟子曰曾子子思同道曾子師也父兄

也子思臣也微也曾子子思易地則皆
然
微猶賤也。尹氏曰或遠害或死難
其事不同者所處之地不同也君子
之心不繫於利害惟其是而已故易
地則皆能爲之。孔氏曰古之聖賢
言行不同事業亦異而其道未始不
同也學者知此則因所遇而應之若

權衡之稱物低昂屢變而不害其爲
同也
儲子曰王使人瞯夫子果有以異於人
乎孟子曰何以異於人哉堯舜與人同
耳
瞯古莧反○儲子齊人也瞯竊視也
聖人亦人耳豈有異於人哉
齊人有一妻一妾而處室者其良人出

則必饜酒肉而後反其妻問所與飲食
者則盡富貴也其妻告其妾曰良人出
則必饜酒肉而後反問其與飲食者盡
富貴也而未嘗有顯者來吾將瞯良人
之所之也蚤起施從良人之所之徧國
中無與立談者卒之東郭墦間之祭者
乞其餘不足又顧而之他此其爲饜足
之道也其妻歸告其妾曰良人者所仰

望而終身也今若此與其妾訕其良人
而相泣於中庭而良人未之知也施施
從外來驕其妻妾
施音迤又音易墦音燔施施如字。
章首當有孟子曰字闕文也良人夫
也饜飽也顯者富貴人也施施邪施而
行不使良人知也墦冢也顧望也訕
怨詈也施施喜悅自得之貌

由君子觀之則人之所以求富貴利達者其妻妾不羞也而不相泣者幾希矣

孟子言自君子而觀今之求富貴者皆若此人耳使其妻妾見之不羞而泣者少矣言可羞之甚也○趙氏曰言今之求富貴者皆以枉曲之道昏夜乞哀以求之而以驕人於白日與

斯人何以異哉

孟子卷第八

孟子卷第九

萬章章句上　朱熹集注

凡九章

萬章問曰舜往于田號泣于旻天何爲其號泣也孟子曰怨慕也

號平聲。舜往于田耕歷山時也仁覆閔下謂之旻天號泣于旻天呼天而泣也事見虞書大禹謨篇怨慕怨

己之不得其親而思慕也
萬章曰父母愛之喜而不忘父母惡之
勞而不怨然則舜怨乎曰長息問於公
明高曰舜往于田則吾既得聞命矣號
泣于旻天于父母則吾不知也公明高
曰是非爾所知也夫公明高以孝子之
心爲不若是恝我竭力耕田共爲子職
而已矣父母之不我愛於我何哉

惡去聲夫音扶懃苦八反共平聲。長息公明高弟子公明高曾子弟子于父母亦書辭言呼父母而泣也懃無愁之貌於我何哉自責不知己有何罪耳非怨父母也。楊氏曰非孟子深知舜之心不能爲此言蓋舜惟恐不順於父母未嘗自以爲孝也若自以爲孝則非孝矣

帝使其子九男二女百官牛羊倉廩備以事舜於畎畝之中天下之士多就之者帝將胥天下而遷之焉爲不順於父母如窮人無所歸

爲去聲○帝堯也史記云二女妻之以觀其內九男事之以觀其外史記言一年所居成聚二年成邑三年成都是天下之士就之也胥相視也遷

之移以與之也如窮人之無所歸言
其怨慕迫切之甚也
天下之士悅之人之所欲也而不足以
解憂好色人之所欲妻帝之二女而不
足以解憂富人之所欲富有天下而不
足以解憂貴人之所欲貴爲天子而不
足以解憂人悅之好色富貴無足以解
憂者惟順於父母可以解憂

孟子推舜之心如此以解上文之意極天下之欲不足以解憂而惟順於父母可以解憂孟子眞知舜之心哉

人少則慕父母知好色則慕少艾有妻子則慕妻子仕則慕君不得於君則熱中大孝終身慕父母五十而慕者予於大舜見之矣

少好皆去聲○言常人之情因物有

遷惟聖人爲能不失其本心也艾美好也楚詞戰國策所謂幼艾義與此同不得失意也熱中躁急心熱也言五十者舜攝政時年五十也五十而慕則其終身慕可知矣○此章言舜不以得衆人之所欲爲已樂而以不順乎親之心爲已憂非聖人之盡性其孰能之

萬章問曰詩云娶妻如之何必告父母信斯言也宜莫如舜舜之不告而娶何也孟子曰告則不得娶男女居室人之大倫也如告則廢人之大倫以懟父母是以不告也

懟直類反○詩齊國風南山之篇也信誠也誠如此詩之言也懟讎怨也舜父頑母嚚常欲害舜告則不聽其

娶是廢人之大倫以懟父母也
萬章曰舜之不告而娶則吾旣得聞命矣帝之妻舜而不告何也曰帝亦知告焉則不得妻也
妻去聲。以女爲人妻曰妻。程子曰堯妻舜而不告者以君治之而已如今之官府治民之私者亦多
萬章曰父母使舜完廩捐階瞽瞍焚廩

使浚井出從而揜之象曰謨蓋都君咸我績牛羊父母倉廩父母干戈朕琴朕弤朕二嫂使治朕棲象往入舜宮舜在牀琴象曰鬱陶思君爾忸怩舜曰惟茲臣庶汝其于予治不識舜不知象之將殺己與曰奚而不知也象憂亦憂象喜亦喜

弤都禮反忸女六反怩音尼與平聲

○完治也捐去也階梯也揜蓋也按史記曰使舜上塗廩瞽叟從下縱火焚廩舜乃以兩笠自捍而下去得不死後又使舜穿井舜穿井爲匿空旁出舜旣入深瞽叟與象共下土實井舜從匿空出去即其事也象舜異母弟也謨謀也蓋蓋井也舜所居三年成都故謂之都君咸皆也績功也舜

既入井象不知舜已出欲以殺舜爲已功也干盾也戈戟也琴舜所彈五弦琴也弤琱弓也象欲以舜之牛羊倉廩與父母而自取此物也二嫂堯二女也棲牀也象欲使爲己妻也象往舜宮欲分取所有見舜生在牀彈琴蓋既出即潛歸其宮也鬱陶思之甚而氣不得伸也象言己思君之甚

故來見爾忸怩慚色也臣庶謂其百官也象素憎舜不至其宮故舜見其來而喜使之治其臣庶也孟子言舜非不知其將殺己但見其憂則憂見其喜則喜兄弟之情自有所不能已耳萬章所言其有無不可知然舜之心則孟子有以知之矣它亦不足辯也○程子曰象憂亦憂象喜亦喜人

情天理於是爲至

曰然則舜僞喜者與曰否昔者有饋生魚於鄭子產子產使校人畜之池校人烹之反命曰始舍之圉圉焉少則洋洋焉攸然而逝子產曰得其所哉得其所哉校人出曰孰謂子產智予既烹而食之曰得其所哉得其所哉故君子可欺以其方難罔以非其道彼以愛兄之道

來故誠信而喜之奚僞焉
與平聲校音效又音教畜許六反○
校人主池沼小吏也圉圉而未紓
之貌洋洋則稍縱矣攸然而逝者自
得而遠去也方亦道也罔蒙蔽也欺
以其方謂誑之以理之所有罔以非
其道謂昧之以理之所無象以愛兄
之道來所謂欺之以其方也舜本不

知其僞故實喜之何僞之有○此章又言舜遭人倫之變而不失天理之常也

萬章問曰象日以殺舜爲事立爲天子則放之何也孟子曰封之也或曰放焉

放猶置也置之於此使不得去也萬章疑舜何不誅之孟子言舜實封之而或者誤以爲放也

萬章曰舜流共工于幽州放驩兜于崇山殺三苗于三危殛鯀于羽山四罪而天下咸服誅不仁也象至不仁封之有庳有庳之人奚罪焉仁人固如是乎在他人則誅之在弟則封之曰仁人之於弟也不藏怒焉不宿怨焉親愛之而已矣親之欲其貴也愛之欲其富也封之有庳富貴之也身爲天子弟爲匹夫可

謂親愛之乎

庳音鼻○流徙也共工官名驩兜人名二人比周相與爲黨三苗國名負固不服殺殺其君也殛誅也鯀禹父名方命圮族治水無功皆不仁之人也幽州崇山三危羽山有庳皆地名也或曰今道州鼻亭即有庳之地也未知是否萬章疑舜不當封象使彼

有庳之民無罪而遭象之虐非仁人
之心也藏怒謂藏匿其怒宿怨謂留
蓄其怨
敢問或曰放者何謂也曰象不得有爲
於其國天子使吏治其國而納其貢稅
焉故謂之放豈得暴彼民哉雖然欲常
常而見之故源源而來不及貢以政接
于有庳此之謂也

孟子言象雖封爲有庳之君然不得治其國天子使吏代之治而納其所收之貢稅於象有似於放故或者以爲放也蓋象至不仁處之如此則既不失吾親愛之心而彼亦不得虐有庳之民也源源若水之相繼也來謂來朝覲也不及貢以政接于有庳謂不待及諸侯朝貢之期而以政事接

見有庳之君蓋古書之辭而孟子引以證源源而來之意見其親愛之無已如此也○吳氏曰言聖人不以公義廢私恩亦不以私恩害公義舜之於象仁之至義之盡也

咸丘蒙問曰語云盛德之士君不得而臣父不得而子舜南面而立堯帥諸侯北面而朝之瞽瞍亦北面而朝之舜見

瞽瞍其容有蹙孔子曰於斯時也天下殆哉岌岌乎不識此語誠然乎哉孟子曰否此非君子之言齊東野人之語也堯老而舜攝也堯典曰二十有八載放勳乃徂落百姓如喪考妣三年四海遏密八音孔子曰天無二日民無二王舜既爲天子矣又帥天下諸侯以爲堯三年喪是二天子矣

朝音潮岌魚及反。咸丘蒙孟子弟
子語者古語也蹙顰蹙不自安也岌
岌不安貌也言人倫乖亂天下將危
也齊東齊國之東鄙也孟子言堯但
老不治事而舜攝天子之事耳堯在
時舜未嘗即天子位堯何由北面而
朝乎又引書及孔子之言以明之堯
典虞書篇名今此文乃見於舜典蓋

古書二篇或合爲一耳言舜攝位二十八年而堯死也徂升也落降也人死則魂升而魄降故古者謂死爲徂落遏止也密靜也八音金石絲竹匏土革木樂器之音也

咸丘蒙曰舜之不臣堯則吾既得聞命矣詩云普天之下莫非王土率土之濱莫非王臣而舜既爲天子矣敢問瞽瞍

之非臣如何曰是詩也非是之謂也勞於王事而不得養父母也曰此莫非王事我獨賢勞也故說詩者不以文害辭不以辭害志以意逆志是爲得之如以辭而已矣雲漢之詩曰周餘黎民靡有子遺信斯言也是周無遺民也

不臣堯不以堯爲臣使北面而朝也

詩小雅北山之篇也普遍也率循也

此詩今毛氏序云役使不均已勞於王事而不得養其父母焉其詩下文亦云大夫不均我從事獨賢乃作詩者自言天下皆王臣何爲獨使我以賢才而勞苦乎非謂天子可臣其父也文字也辭語也逆迎也雲漢大雅篇名也子獨立之貌遺脱也言説詩之法不可以一字而害一句之義不

可以一句而害設辭之志當以己意
迎取作者之志乃可得之若但以其
辭而已則如雲漢所言是周之民眞
無遺種矣惟以意逆之則知作詩者
之志在於憂旱而非眞無遺民也
孝子之至莫大乎尊親尊親之至莫大
乎以天下養爲天子父尊之至也以天
下養養之至也詩曰永言孝思孝思維

則此之謂也

養去聲○言瞽瞍旣爲天子之父則當享天下之養此舜之所以爲尊親養親之至也豈有使之北面而朝之理乎詩大雅下武之篇言人能長言孝思而不忘則可以爲天下法則也書曰祗載見瞽瞍夔夔齊栗瞽瞍亦允若是爲父不得而子也

見音現齊側皆反○書大禹謨篇也祇敬也載事也夔夔齊栗敬謹恐懼之貌允信也若順也言舜敬事瞽瞍往而見之敬謹如此瞽瞍亦信而順之也孟子引此而言瞽瞍不能以不善及其子而反見化於其子則是所謂父不得而子者而非如咸丘蒙之說也

萬章曰堯以天下與舜有諸孟子曰否

天子不能以天下與人

天下者天下之天下非一人之私有

故也

然則舜有天下也孰與之曰天與之

萬章問而孟子答也

天與之者諄諄然命之乎

諄之淳反○萬章問也諄諄詳語之

貌
曰否天不言以行與事示之而已矣
行去聲下同○行之於身謂之行措
諸天下謂之事言但因舜之行事而
示以與之之意耳
曰以行與事示之者如之何曰天子能
薦人於天不能使天與之天下諸侯能
薦人於天子不能使天子與之諸侯大

夫能薦人於諸侯不能使諸侯與之大夫昔者堯薦舜於天而天受之暴之於民而民受之故曰天不言以行與事示之而已矣

暴步卜反下同○暴顯也言下能薦人於上不能令上必用之舜爲天人所受是因舜之行與事而示之以與之之意也

曰敢問薦之於天而天受之暴之於民而民受之如何曰使之主祭而百神享之是天受之使之主事而事治百姓安之是民受之也天與之人與之故曰天子不能以天下與人

治去聲

舜相堯二十有八載非人之所能爲也天也堯崩三年之喪畢舜避堯之子於

南河之南天下諸侯朝覲者不之堯之子而之舜訟獄者不之堯之子而之舜謳歌者不謳歌堯之子而謳歌舜故曰天也夫然後之中國踐天子位焉而居堯之宮逼堯之子是篡也非天與也

相去聲朝音潮夫音扶 ○ 南河在冀州之南其南即豫州也訟獄謂獄不決而訟之也

太誓曰天視自我民視天聽自我民聽此之謂也

自從也天無形其視聽皆從於民之視聽民之歸舜如此則天與之可知矣

萬章問曰人有言至於禹而德衰不傳於賢而傳於子有諸孟子曰否不然也天與賢則與賢天與子則與子昔者舜

薦禹於天十有七年舜崩三年之喪畢禹避舜之子於陽城天下之民從之若堯崩之後不從堯之子而從舜也禹薦益於天七年禹崩三年之喪畢益避禹之子於箕山之陰朝覲訟獄者不之益而之啓曰吾君之子也謳歌者不謳歌益而謳歌啓曰吾君之子也

朝音潮○陽城箕山之陰皆嵩山下

伊尹相湯以王於天下湯崩太丁未立外丙二年仲壬四年太甲顛覆湯之典刑伊尹放之於桐三年太甲悔過自怨自艾於桐處仁遷義三年以聽伊尹之訓己也復歸于亳

相王皆去聲艾音乂○此承上文言伊尹不有天下之事○趙氏曰太丁湯之太子未立而死外丙立二年仲

壬立四年皆太丁弟也太甲太丁子
也。程氏曰古人謂歲爲年湯崩時
外丙方二歲仲壬方四歲惟太甲差
長故立之也二說未知孰是顛覆壞
亂也典刑常法也桐湯墓所在艾治
也說文云芟草也蓋斬絕自新之意
亳商所都也
周公之不有天下猶益之於夏伊尹之

於殷也
此復言周公所以不有天下之意
孔子曰唐虞禪夏后殷周繼其義一也
禪音擅○禪授也或禪或繼皆天命
也聖人豈有私意於其間哉○尹氏
曰孔子曰唐虞禪夏后商周繼其義
一也孟子曰天與賢則與賢天與子
則與子知前聖之心者無如孔子繼

孔子者孟子而已矣

萬章問曰人有言伊尹以割亨要湯有諸

要平聲下同。要求也按史記伊尹欲行道以致君而無由乃爲有莘氏之媵臣負鼎俎以滋味說湯致於王道蓋戰國時有爲此說者

孟子曰否不然伊尹耕於有莘之野而

但能覺之而已

思天下之民匹夫匹婦有不被堯舜之澤者若已推而內之溝中其自任以天下之重如此故就湯而說之以伐夏救民

推吐回反內音納說音稅○書曰昔先正保衡作我先王曰予弗克俾厥后為堯舜其心愧恥若撻于市一夫

不獲則曰時予之辜孟子之言蓋取諸此是時夏桀無道暴虐其民故欲使湯伐夏以救之○徐氏曰伊尹樂堯舜之道堯舜揖遜而伊尹説湯以伐夏者時之不同義則一也

吾未聞枉己而正人者也況辱己以正天下者乎聖人之行不同也或遠或近或去或不去歸潔其身而已矣

行去聲○辱己甚於枉己正天下難
於正人若伊尹以割烹要湯辱己甚
矣何以正天下乎遠謂隱遁也近謂
仕近君也言聖人之行雖不必同然
其要歸在潔其身而已伊尹豈肯以
割烹要湯哉
吾聞其以堯舜之道要湯未聞以割烹
也

林氏曰以堯舜之道要湯者非實以是要之也道在此而湯之聘自來耳猶子貢言夫子之求之異乎人之求之也愚謂此語亦猶前章所論父不得而子之意

伊訓曰天誅造攻自牧宮朕載自亳

伊訓商書篇名孟子引以證伐夏救民之事也今書牧宮作鳴條造載皆

始也伊尹言始攻桀無道由我始其
事於亳也
萬章問曰或謂孔子於衛主癰疽於齊
主侍人瘠環有諸乎孟子曰否不然也
好事者爲之也
癰於容反疽七余反好去聲○主謂舍
於其家以之爲主人也癰疽瘍醫也
侍人奄人也瘠姓環名皆時君所近

狎之人也好事謂好造言生事之人
也
於衛主顏讎由彌子之妻與子路之妻
兄弟也彌子謂子路曰孔子主我衛卿
可得也子路以告孔子曰有命孔子進
以禮退以義得之不得曰有命而主癰
疽與侍人瘠環是無義無命也
讎如字又音犨○顏讎由衛之賢大

夫也史記作顏濁鄒彌子衛靈公幸
臣彌子瑕也○徐氏曰禮主於辭遜
故進以禮義主於制斷故退以義難
進而易退者也在我者有禮義而已
得之不得則有命存焉
孔子不悅於魯衛遭宋桓司馬將要而
殺之微服而過宋是時孔子當阨主司
城貞子爲陳侯周臣

要平聲○不悅不樂居其國也戚司馬宋大夫向魋也司城貞子亦宋大夫之賢者也陳侯名周按史記孔子爲魯司寇齊人饋女樂以間之孔子遂行適衛月餘去衛適宋司馬魋欲殺孔子孔子去至陳主於司城貞子孟子言孔子雖當阨難然猶擇所主況在齊衛無事之時豈有主癰疽侍

人之事乎
吾聞觀近臣以其所爲主觀遠臣以其所主若孔子主癰疽與侍人瘠環何以爲孔子
近臣在朝之臣遠臣遠方來仕者君子小人各從其類故觀其所爲主與其所主者而其人可知
萬章問曰或曰百里奚自鬻於秦養牲

者五羊之皮食牛以要秦穆公信乎孟子曰否不然好事者爲之也

食音嗣好去聲下同○百里奚虞之賢臣人言其自賣於秦養牲者之家得五羊之皮而爲之食牛因以干秦穆公也

百里奚虞人也晉人以垂棘之璧與屈産之乘假道於虞以伐虢宮之奇諫百

里奚不諫

屈求勿反乘去聲○虞虢皆國名垂棘之璧垂棘之地所出之璧也屈產之乘屈地所生之良馬也乘四匹也晉欲伐虢道經於虞故以此物借道其實欲并取虞宫之奇亦虞之賢臣諫虞公令勿許虞公不用遂爲晉所滅百里奚知其不可諫故不諫而去

之秦
知虞公之不可諫而去之秦年已七十
矣曾不知以食牛干秦穆公之爲汙也
可謂智乎不可諫而不諫可謂不智乎
知虞公之將亡而先去之不可謂不智
也時舉於秦知穆公之可與有行也而
相之可謂不智乎相秦而顯其君於天
下可傳於後世不賢而能之乎自鬻以

成其君鄉黨自好者不爲而謂賢者爲
之乎
相去聲○自好自愛其身之人也孟
子言百里奚之智如此必知食牛以
干主之爲汙其賢又如此必不肯自
鬻以成其君也然此事當孟子時已
無所據孟子直以事理反覆推之而
知其必不然耳○范氏曰古之聖賢

未遇之時鄙賤之事不恥爲之如百里奚爲人養牛無足怪也惟是人君不致敬盡禮則不可得而見豈有先自汙辱以要其君哉莊周曰百里奚爵禄不入於心故飯牛而牛肥使穆公忘其賤而與之政亦可謂知百里奚矣伊尹百里奚之事皆聖賢出處之大節故孟子不得不辯○尹氏曰

當時好事者之論大率類此蓋以其不正之心度聖賢也

孟子卷第九

[illegible]

（宋）朱熹　集注

宋本孟子集注

第二册

國家圖書館出版社

第二册目録

孟子卷第四　朱熹集注

公孫丑章句下

凡十四章自第二章以下記孟子出處行實爲詳

孟子曰天時不如地利地利不如人和

天時謂時日支干孤虛王相之屬也地利險阻城池之固也人和得民心之和也

三里之城七里之郭環而攻之而不勝夫環而攻之必有得天時者矣然而不勝者是天時不如地利也

夫音扶○三里七里城郭之小者郭外城環圍也言四面攻圍曠日持久必有值天時之善者

城非不高也池非不深也兵革非不堅利也米粟非不多也委而去之是地利

不如人和也
革甲也粟穀也委棄也言不得民心
民不爲守也
故曰域民不以封疆之界固國不以山
谿之險威天下不以兵革之利得道者
多助失道者寡助寡助之至親戚畔之
多助之至天下順之
域界限也

以天下之所順攻親戚之所畔故君子有不戰戰必勝矣

言不戰則已戰則必勝○尹氏曰言得天下者凡以得民心而已

孟子將朝王王使人來曰寡人如就見者也有寒疾不可以風朝將視朝不識可使寡人得見乎對曰不幸而有疾不能造朝

章内朝並音潮唯朝朝將之朝如字造
七到反下同○王齊王也孟子本將
朝王王不知而託疾以召孟子故孟
子亦以疾辭也
明日出弔於東郭氏公孫丑曰昔者辭
以病今日弔或者不可乎曰昔者疾今
日愈如之何不弔
東郭氏齊大夫家也昔者昨日也或

者疑辭辭疾而出弔與孔子不見孺
悲取瑟而歌同意
王使人問疾醫來孟仲子對曰昔者有
王命有采薪之憂不能造朝今病小愈
趨造於朝我不識能至否乎使數人要
於路曰請必無歸而造於朝
要平聲○孟仲子趙氏以爲孟子之
從昆弟學於孟子者也采薪之憂言

病不能采薪謙辭也仲子權辭以對
又使人要孟子令勿歸而造朝以實
已言
不得已而之景丑氏宿焉景子曰內則
父子外則君臣人之大倫也父子主恩
君臣主敬丑見王之敬子也未見所以
敬王也曰惡是何言也齊人無以仁義
與王言者豈以仁義爲不美也其心曰

是何足與言仁義也云爾則不敬莫大乎是我非堯舜之道不敢以陳於王前故齊人莫如我敬王也

惡平聲下同○景丑氏齊大夫家也景子景丑也惡歎辭也景丑所言敬之小者也孟子所言敬之大者也

景子曰否非此之謂也禮曰父召無諾君命召不俟駕固將朝也聞王命而遂

不果宜與夫禮若不相似然
夫音扶下同○禮曰父命呼唯而不
諾又曰君命召在官不俟屨在外不
俟車言孟子本欲朝王而聞命中止
似與此禮之意不同也
曰豈謂是與曾子曰晉楚之富不可及
也彼以其富我以吾仁彼以其爵我以
吾義吾何慊乎哉夫豈不義而曾子言

之是或一道也天下有達尊三爵一齒
一德一朝廷莫如爵鄉黨莫如齒輔世
長民莫如德惡得有其一以慢其二哉
與平聲慊口簟反長上聲○慊恨也
少也或作嗛字書以爲口銜物也然
則慊亦但爲心有所銜之義其爲快
爲足爲恨爲少則因其事而所銜有
不同耳孟子言我之意非如景子之

所言者因引曾子之言而云夫此豈是不義而曾子肯以爲言是或別有一種道理也達通也蓋通天下之所尊有此三者曾子之説蓋以德言之也今齊王但有爵耳安得以此慢於齒德乎

故將大有爲之君必有所不召之臣欲有謀焉則就之其尊德樂道不如是不

足與有爲也
樂音洛○大有爲之君大有作爲非
常之君也○程子曰古之人所以必
待人君致敬盡禮而後往者非欲自
爲尊大也爲是故耳
故湯之於伊尹學焉而後臣之故不勞
而王桓公之於管仲學焉而後臣之故
不勞而霸

先從受學焉而後臣之故不勞而霸今天下地醜德齊莫能相尚無他好臣其所教而不好臣其所受教

先從受學師之也後以爲臣任之也

今天下地醜德齊莫能相尚無他好臣其所教而不好臣其所受教

好去聲。○醜類也尚過也所教謂聽從於己可役使者也所受教謂己之所從學者也

湯之於伊尹桓公之於管仲則不敢召管仲且猶不可召而況不爲管仲者乎

一三三

不爲管仲孟子自謂也○范氏曰孟子之於齊處賓師之位非當仕有官職者故其言如此○此章見賓師不以趨走承順爲恭而以責難陳善爲敬人君不以崇高富貴爲重而以貴德尊士爲賢則上下交而德業成矣

陳臻問曰前日於齊王餽兼金一百而不受於宋餽七十鎰而受於薛餽五十

鎰而受前日之不受是則今日之受非
也今日之受是則前日之不受非也夫
子必居一於此矣
陳臻孟子弟子兼金好金也其價兼
倍於常者一百百鎰也
孟子曰皆是也
皆適於義也
當在宋也予將有遠行行者必以贐辭

曰餽贐予何爲不受
贐徐刃反○贐送行者之禮也
當在薛也予有戒心辭曰聞戒故爲兵
餽之予何爲不受
爲兵之爲去聲○時人有欲害孟子
者孟子設兵以戒備之薛君以金餽
孟子爲兵備辭曰聞子之有戒心也
若於齊則未有處也無處而餽之是貨

之也焉有君子而可以貨取乎
焉於虔反○無遠行戒心之事是未
有所處也取猶致也○尹氏曰言君
子之辭受取予唯當於理而已
孟子之平陸謂其大夫曰子之持戟之
士一日而三失伍則去之否乎曰不待
三
去上聲○平陸齊下邑也大夫邑宰

也戟有枝兵也士戰士也伍行列也
去之殺之也
然則子之失伍也亦多矣凶年饑歲子
之民老羸轉於溝壑壯者散而之四方
者幾千人矣曰此非距心之所得爲也
幾上聲○子之失伍言其失職猶士
之失伍也距心大夫名對言此乃王
之大政使然非我所得專爲也

曰今有受人之牛羊而爲之牧之者則必爲之求牧與芻矣求牧與芻而不得則反諸其人乎抑亦立而視其死與曰此則距心之罪也

爲去聲死與之與平聲○牧之養之也牧牧地也芻草也孟子言若不得自專何不致其事而去

他日見於王曰王之爲都者臣知五人

焉知其罪者惟孔距心爲王誦之王曰
此則寡人之罪也
見音現爲王之爲去聲○爲都治邑
也邑有先君之廟曰都孔大夫姓也
爲王誦其語欲以風曉王也○陳氏
曰孟子一言而齊之君臣舉知其罪
固足以興邦矣然而齊卒不得爲善
國者豈非說而不繹從而不改故耶

孟子謂蚳鼃曰子之辭靈丘而請士師似也爲其可以言也今既數月矣未可以言與

蚳音遲鼃烏花反爲去聲與平聲○蚳鼃齊大夫也靈丘齊下邑似也言所爲近似有理可以言謂士師近王得以諫刑罰之不中者

蚳鼃諫於王而不用致爲臣而去

致猶還也

齊人曰所以爲蚳鼃則善矣所以自爲則吾不知也

爲去聲○譏孟子道不行而不能去也

公都子以告

公都子孟子弟子也

曰吾聞之也有官守者不得其職則去

有言責者不得其言則去我無官守我無言責也則吾進退豈不綽綽然有餘裕哉

官守以官爲守者言責以言爲責者綽綽寬貌裕寬意也孟子居賓師之位未嘗受祿故其進退之際寬裕如此○尹氏曰進退久速當於理而已

孟子爲卿於齊出弔於滕王使蓋大夫

王驩爲輔行王驩朝暮見反齊滕之路
未嘗與之言行事也
蓋古盍反見音現○蓋齊下邑也王
驩王嬖臣也輔行副使也反往而還
也行事使事也
公孫丑曰齊卿之位不爲小矣齊滕之
路不爲近矣反之而未嘗與言行事何
也曰夫既或治之予何言哉

夫音扶○王驩蓋攝卿以行故曰齊卿夫既或治之言有司已治之矣孟子之待小人不惡而嚴如此

孟子自齊葬於魯反於齊止於嬴充虞請曰前日不知虞之不肖使虞敦匠事嚴虞不敢請今願竊有請也木若以美然

孟子仕於齊喪母歸葬於魯嬴齊南

邑充虞孟子弟子嘗董治作棺之事
者也嚴急也木棺木也以已通以美
太美也
曰古者棺椁無度中古棺七寸椁稱之
自天子達於庶人非直爲觀美也然後
盡於人心
稱去聲○度厚薄尺寸也中古周公
制禮時也椁稱之與棺相稱也欲其

堅厚久遠非特爲人觀視之美而已
不得不可以爲悅無財不可以爲悅得
之爲有財古之人皆用之吾何爲獨不
然
不得謂法制所不當得得之爲有財
言得之而又爲有財也或曰爲當作
而
且比化者無使土親膚於人心獨無校

乎

比必二反恔音效。比猶爲也化者死者也恔快也言爲死者不使土近其肌膚於人子之心豈不快然無所恨乎

吾聞之君子不以天下儉其親

送終之禮所當得爲而不自盡是爲天下愛惜此物而薄於吾親也

沈同以其私問曰燕可伐與孟子曰可
子噲不得與人燕子之不得受燕於子
噲有仕於此而子悅之不告於王而私
與之吾子之祿爵夫士也亦無王命而
私受之於子則可乎何以異於是
伐與之與與平聲下伐與與殺與同夫音
扶○沈同齊臣以私問非王命也子
噲子之事見前篇諸侯土地人民受

之天子傳之先君私以與人則與者
受者皆有罪也仕爲官也士卽從仕
之人也
齊人伐燕或問曰勸齊伐燕有諸曰未
也沈同問燕可伐與吾應之曰可彼然
而伐之也彼如曰孰可以伐之則將應
之曰爲天吏則可以伐之今有殺人者
或問之曰人可殺與則將應之曰可彼

如曰孰可以殺之則將應之曰爲士師則可以殺之今以燕伐燕何爲勸之哉

天吏解見上篇言齊無道與燕無異如以燕伐燕也史記亦謂孟子勸齊伐燕蓋傳聞此說之誤○楊氏曰燕固可伐矣故孟子曰可使齊王能誅其君弔其民何不可之有乃殺其父兄虜其子弟而後燕人畔之乃以是

歸咎孟子之言則誤矣

燕人畔王曰吾甚慙於孟子

齊破燕後二年燕人共立太子平爲王

陳賈曰王無患焉王自以爲與周公孰仁且智王曰惡是何言也曰周公使管叔監殷管叔以殷畔知而使之是不仁也不知而使之是不智也仁智周公未

之盡也而況於王乎賈請見而解之

惡監皆平聲○陳賈齊大夫也管叔

名鮮武王弟周公兄也武王勝商殺

紂立紂子武庚而使管叔與弟蔡叔

霍叔監其國武王崩成王幼周公攝

政管叔與武庚畔周公討而誅之

見孟子問曰周公何人也曰古聖人也

曰使管叔監殷管叔以殷畔也有諸曰

然曰周公知其將畔而使之與曰不知
也然則聖人且有過與曰周公弟也管
叔兄也周公之過不亦宜乎
與平聲○言周公乃管叔之弟管叔
乃周公之兄然則周公不知管叔之
將畔而使之其過有所不免矣或曰
周公之處管叔不如舜之處象何也
游氏曰象之惡已著而其志不過富

貴而已故舜得以是而全之若管叔
之惡則未著而其志其才皆非象比
也周公詎忍逆探其兄之惡而棄之
耶周公愛兄宜無不盡者管叔之事
聖人之不幸也舜誠信而喜象周公
誠信而任管叔此天理人倫之至其
用心一也
且古之君子過則改之今之君子過則

順之古之君子其過也如日月之食民皆見之及其更也民皆仰之今之君子豈徒順之又從爲之辭

更平聲○順猶遂也更改也辭辯也更之則無損於明故民仰之順而爲之辭則其過愈深矣責賈不能勉其君以遷善改過而教之以遂非文過也○林氏曰齊王慙於孟子蓋羞惡

之心有不能自已者使其臣有能因是心而將順之則義不可勝用矣而陳賈鄙夫方且爲之曲爲辯說而沮其遷善改過之心長其飾非拒諫之惡故孟子深責之然此書記事散出而無先後之次故其說必參考而後通若以第二篇十章十一章置於前章之後此章之前則孟子之意不待

論說而自明矣

孟子致爲臣而歸

孟子久於齊而道不行故歸也

王就見孟子曰前日願見而不可得得侍同朝甚喜今又棄寡人而歸不識可以繼此而得見乎對曰不敢請耳固所願也

朝音潮

他日王謂時子曰我欲中國而授孟子
室養弟子以萬鍾使諸大夫國人皆有
所矜式子盍爲我言之
爲去聲○時子齊臣也中國當國之
中也萬鍾穀祿之數也鍾量名受六
斛四斗矜敬也式法也盍何不也
時子因陳子而以告孟子陳子以時子
之言告孟子

陳子即陳臻也

孟子曰然夫時子惡知其不可也如使

予欲富辭十萬而受萬是爲欲富乎

夫音扶惡平聲○孟子旣以道不行

而去則其義不可以復留而時子不

知則又有難顯言者故但言設使我

欲富則我前日爲卿嘗辭十萬之祿

今乃受此萬鍾之饋是我雖欲富亦

不爲此也
季孫曰異哉子叔疑使己爲政不用則
亦已矣又使其子弟爲卿人亦孰不欲
富貴而獨於富貴之中有私龍斷焉
龍音壟○此孟子引季孫之語也季
孫子叔疑不知何時人龍斷岡壟之
斷而高也義見下文蓋子叔疑者嘗
不用而使其子弟爲卿季孫譏其旣

不得於此而又欲求得於彼如下文賤丈夫登龍斷者之所為也孟子引此以明道既不行復受其祿則無以異此矣

古之為市者以其所有易其所無者有司者治之耳有賤丈夫焉必求龍斷而登之以左右望而罔市利人皆以為賤故從而征之征商自此賤丈夫始矣

孟子釋龍斷之說如此治之謂治其
爭訟左右望者欲得此而又取彼也
罔謂罔羅取之也從而征之謂人惡
其專利故就征其稅後世緣此遂征
商人也○程子曰齊王所以處孟子
者未為不可孟子亦非不肯為國人
矜式者但齊王實非欲尊孟子乃欲
以利誘之故孟子拒而不受

孟子去齊宿於晝

晝如字或曰當作畫音獲下同。晝齊西南近邑也

有欲爲王留行者坐而言不應隱几而卧

爲去聲下同隱於靳反。隱憑也客坐而言孟子不應而卧也

客不悅曰弟子齊宿而後敢言夫子卧

而不聽請勿復敢見矣曰坐我明語子
昔者魯繆公無人乎子思之側則不能
安子思泄柳申詳無人乎繆公之側則
不能安其身
齊側皆反復扶又反語去聲○齊宿
齊戒越宿也繆公尊禮子思常使人
候伺道達誠意於其側乃能安而留
之也泄柳魯人申詳子張之子也繆

公尊之不如子思然二子義不苟容
非有賢者在其君之左右維持調護
之則亦不能安其身矣
子爲長者慮而不及子思子絶長者乎
長者絶子乎
長上聲○長者孟子自稱也言齊王
不使子來而子自欲爲王留我是所
以爲我謀者不及繆公留子思之事

而先絶我也我之卧而不應豈爲先
絶子乎
孟子去齊尹士語人曰不識王之不可
以爲湯武則是不明也識其不可然且
至則是干澤也千里而見王不遇故去
三宿而後出晝是何濡滯也士則茲不
悦
語去聲○尹士齊人也干求也澤恩

澤也濡滞遲留也

高子以告

高子亦齊人孟子弟子也

曰夫尹士惡知予哉千里而見王是予所欲也不遇故去豈予所欲哉予不得已也

夫音扶下同惡平聲○見王欲以行道也今道不行故不得已而去非本

欲如此也

予三宿而出晝於予心猶以爲速王庶幾改之王如改諸則必反予

所改必指一事而言然今不可考矣

夫出晝而王不予追也予然後浩然有歸志予雖然豈舍王哉王由足用爲善王如用予則豈徒齊民安天下之民舉安王庶幾改之予日望之

浩然如水之流不可止也○楊氏曰齊
王天資朴實如好勇好貨好色好世
俗之樂皆以直告而不隱於孟子故
足以爲善若乃其心不然而謬爲大
言以欺人是人終不可與入堯舜之
道矣何善之能爲
予豈若是小丈夫然哉諫於其君而不
受則怒悻悻然見於其面去則窮日之

力而後宿哉

悻形頂反見音現○悻悻怒意也窮盡也

尹士聞之曰士誠小人也

此章見聖賢行道濟時汲汲之本心愛君澤民惓惓之餘意李氏曰於此見君子憂則違之之情而荷蕢者所以爲果也

孟子去齊充虞路問曰夫子若有不豫色然前日虞聞諸夫子曰君子不怨天不尤人

路問於路中問也豫悦也尤過也此二句實孔子之言蓋孟子嘗稱之以教人耳

曰彼一時此一時也

彼前日此今日

五百年必有王者興其間必有名世者
自堯舜至湯自湯至文武皆五百餘
年而聖人出名世謂其人德業聞望
可名於一世者爲之輔佐若皐陶稷
契伊尹萊朱太公望散宜生之屬
由周而來七百有餘歲矣以其數則過
矣以其時考之則可矣
周謂文武之間數謂五百年之期時

謂亂極思治可以有爲之日於是而
不得一有所爲此孟子所以不能無
不豫也
夫天未欲平治天下也如欲平治天下
當今之世舍我其誰也吾何爲不豫哉
夫音扶舍上聲○言當此之時而使
我不遇於齊是天未欲平治天下也
然天意未可知而其具又在我我何

爲不豫哉然則孟子雖若有不豫然者而實未嘗不豫也蓋聖賢憂世之志樂天之誠有並行而不悖者於此見矣

孟子去齊居休公孫丑問曰仕而不受祿古之道乎

休地名

曰非也於崇吾得見王退而有去志不

欲變故不受也
崇亦地名孟子始見齊王必有所不
合故有去志變謂變其去志
繼而有師命不可以請久於齊非我志
也
師命師旅之命也國既被兵難請去
也○孔氏曰仕而受禄禮也不受齊
禄義也義之所在禮有時而變公孫

丑欲以一端裁之不亦誤乎

孟子卷第四

孟子卷第五

滕文公章句上　　朱熹集注

凡五章

滕文公爲世子將之楚過宋而見孟子

世子太子也

孟子道性善言必稱堯舜

道言也性者人所稟於天以生之理也渾然至善未嘗有惡人與堯舜初

無少異但衆人汩於私欲而失之堯舜則無私欲之蔽而能充其性爾故孟子與世子言每道性善而必稱堯舜以實之欲其知仁義不假外求聖人可學而至而不懈於用力也門人不能悉記其辭而撮其大旨如此。

程子曰性即理也天下之理原其所自未有不善喜怒哀樂未發何嘗不

善發而中節即無往而不善發不中節然後爲不善故凡言善惡皆先善而後惡言吉凶皆先吉而後凶言是非皆先是而後非

世子自楚反復見孟子孟子曰世子疑吾言乎夫道一而已矣

復扶又反夫音扶○時人不知性之本善而以聖賢爲不可企及故世子

於孟子之言不能無疑而復來求見蓋恐別有卑近易行之說也孟子知之故但告之如此以明古今聖愚本同一性前言已盡無復有它說也

成覸謂齊景公曰彼丈夫也我丈夫也吾何畏彼哉顏淵曰舜何人也予何人也有爲者亦若是公明儀曰文王我師也周公豈欺我哉

覸古莧反○成覸人姓名彼謂聖賢
也有爲者亦若是言人能有爲則皆
如舜也公明姓儀名魯賢人也文王
我師也蓋周公之言公明儀亦以文
王爲必可師故誦周公之言而嘆其
不我欺也孟子既告世子以道無二
致而復引此三言以明之欲世子篤
信力行以師聖賢不當復求它說也

今滕絶長補短將五十里也猶可以爲善國書曰若藥不瞑眩厥疾不瘳瞑莫甸反眩音縣○絶猶截也書商書説命篇瞑眩憒亂言滕國雖小猶足爲治但恐安於卑近不能自克則不足以去惡而爲善也○愚按孟子之言性善始見於此而詳具於告子之篇然默識而旁通之則七篇之中

無非此理其所以擴前聖之未發而
有功於聖人之門程子之言信矣
滕定公薨世子謂然友曰昔者孟子嘗
與我言於宋於心終不忘今也不幸至
於大故吾欲使子問於孟子然後行事
定公文公父也然友世子之傅也大
故大喪也事謂喪禮
然友之鄒問於孟子孟子曰不亦善乎

親喪固所自盡也曾子曰生事之以禮死葬之以禮祭之以禮可謂孝矣諸侯之禮吾未之學也雖然吾嘗聞之矣三年之喪齊疏之服飦粥之食自天子達於庶人三代共之

齊音資疏所居反飦諸延反○當時諸侯莫能行古喪禮而文公獨能以此爲問故孟子善之又言父母之喪

固人子之心所自盡者蓋悲哀之情痛疾之意非自外至宜乎文公於此有所不能自已也但所引曾子之言本孔子告樊遲者豈曾子嘗誦之以告其門人歟三年之喪者子生三年然後免於父母之懷故父母之喪必以三年也齊衣下縫也不緝曰斬衰緝之曰齊衰疏麤也麤布也飦糜也

喪禮三日始食粥既葬乃䟽食此古
今貴賤通行之禮也
然友反命定爲三年之喪父兄百官皆
不欲曰吾宗國魯先君莫之行吾先君
亦莫之行也至於子之身而反之不可
且志曰喪祭從先祖曰吾有所受之也
父兄同姓老臣也滕與魯俱文王之
後而魯祖周公爲長兄弟宗之故滕

謂魯爲宗國也然謂二國不行三年之喪者乃其後世之失非周公之法本然也志記也引志之言而釋其意以爲所以如此者蓋爲上世以來有所傳受雖或不同不可改也然志所言本謂先王之世舊俗所傳禮文小異而可以通行者耳不謂後世失禮之甚者也

謂然友曰吾他日未嘗學問好馳馬試
劒今也父兄百官不我足也恐其不能
盡於大事子爲我問孟子然友復之鄒
問孟子孟子曰然不可以他求者也孔
子曰君薨聽於冢宰歠粥面深墨即位
而哭百官有司莫敢不哀先之也上有
好者下必有甚焉者矣君子之德風也
小人之德草也草尚之風必偃是在世

乎

好爲皆去聲復扶又反歠川悅反○

不我足謂不以我滿足其意也然者

然其不我足之言不可他求者言當

責之於已冢宰六卿之長也歠飲也

深墨甚黑色也即就也尚加也論語

作上古字通也偃伏也孟子言但在

世子自盡其哀而已

然友反命世子曰然是誠在我五月居
廬未有命戒百官族人可謂曰知及至
葬四方來觀之顏色之戚哭泣之哀弔
者大悅

諸侯五月而葬未葬居倚廬於中門
之外居喪不言故未有命令教戒也
可謂曰知疑有闕誤或曰皆謂世子
之知禮也○林氏曰孟子之時喪禮

既壞然三年之喪惻隱之心痛疾之
意出於人心之所固有者初未嘗亡
也惟其溺於流俗之弊是以喪其良
心而不自知耳文公見孟子而聞性
善堯舜之説則固有以啓發其良心
矣是以至此而哀痛之誠心發焉及
其父兄百官皆不欲行則亦反躬自
責悼其前行之不足以取信而不敢

有非其父兄百官之心雖其資質有過人者而學問之力亦不可誣也及其斷然行之而遠近見聞無不悅服則以人心之所同然者自我發之而彼之心悅誠服亦有所不期然而然者人性之善豈不信哉

滕文公問爲國

文公以禮聘孟子故孟子至滕而文

公問之

孟子曰民事不可緩也詩云晝爾于茅宵爾索綯亟其乘屋其始播百穀

綯音陶亟紀力反○民事謂農事詩豳風七月之篇于往取也綯絞也亟急也乘升也播布也言農事至重人君不可以爲緩而忽之故引詩言治屋之急如此者蓋以來春將復始播

百穀而不暇爲此也

民之爲道也有恒產者有恒心無恒產
者無恒心苟無恒心放辟邪侈無不爲
已及陷乎罪然後從而刑之是罔民也
焉有仁人在位罔民而可爲也

音義並見前篇

是故賢君必恭儉禮下取於民有制

恭則能以禮接下儉則能取民以制

陽虎曰爲富不仁矣爲仁不富矣

陽虎陽貨魯季氏家臣也天理人欲不容並立虎之言此恐爲仁之害於富也孟子引之恐爲富之害於仁也

君子小人每相反而已矣

夏后氏五十而貢殷人七十而助周人百畝而徹其實皆什一也徹者徹也助者藉也

徹敕列反藉子夜反。此以下乃言
制民常產與其取之之制也夏時一
夫受田五十畝而每夫計其五畝之
入以爲貢商人始爲井田之制以六
百三十畝之地畫爲九區區七十畝
中爲公田其外八家各授一區但借
其力以助耕公田而不復稅其私田
周時一夫授田百畝鄉遂用貢法十

夫有溝都鄙用助法八家同井耕則
通力而作收則計畝而分故謂之徹
其實皆什一者貢法固以十分之一
爲常數惟助法乃是九一而商制不
可考周制則公田百畝中以二十畝
爲廬舍一夫所耕公田實計十畝通
私田百畝爲十一分而取其一蓋又
輕於十一矣竊料商制亦當如此而

以十四畝爲廬舍一夫實耕公田七
畝是亦不過什一也徹通也均也藉
借也
龍子曰治地莫善於助莫不善於貢貢
者校數歲之中以爲常樂歲粒米狼戾
多取之而不爲虐則寡取之凶年糞其
田而不足則必取盈焉爲民父母使民
盻盻然將終歲勤動不得以養其父母

文稱貸而益之使老稚轉乎溝壑惡在
其爲民父母也
樂音洛盻五禮反從目從兮或音普
莧反者非養去聲惡平聲○龍子古
賢人狼戾猶狼藉言多也糞擁也盈
滿也盻恨視也勤動勞苦也稱舉也
貸借也取物於人而出息以償之也
益之以足取盈之數也稚幼子也

夫世禄滕固行之矣

夫音扶。○孟子甞言文王治岐耕者九一仕者世禄二者王政之本也今世禄滕已行之惟助法未行故取於民者無制耳蓋世禄者授之土田使之食其公田之入實與助法相爲表裏所以使君子野人各有定業而上下相安者也故下文遂言助法

詩云雨我公田遂及我私惟助爲有公
田由此觀之雖周亦助也
雨于付反。詩小雅大田之篇雨降
雨也言願天雨於公田而遂及私田
先公而後私也當時助法盡廢典籍
不存惟有此詩可見周亦用助故引
之也
設爲庠序學校以教之庠者養也校者

教也序者射也夏曰校殷曰序周曰庠
學則三代共之皆所以明人倫也人倫
明於上小民親於下
庠以養老爲義校以教民爲義序以
習射爲義皆鄉學也學國學也共之
無異名也倫序也父子有親君臣有
義夫婦有別長幼有序朋友有信此
人之大倫也庠序學校皆以明此而

已
有王者起必來取法是爲王者師也
滕國褊小雖行仁政未必能興王業
然爲王者師則雖不有天下而其澤
亦足以及天下矣聖賢至公無我之
心於此可見
詩云周雖舊邦其命惟新文王之謂也
子力行之亦以新子之國

詩大雅文王之篇言周雖后稷以來舊爲諸侯其受天命而有天下則自文王始也子指文公諸侯未踰年之稱也

使畢戰問井地孟子曰子之君將行仁政選擇而使子子必勉之夫仁政必自經界始經界不正井地不鈞穀禄不平是故暴君汙吏必慢其經界經界既正

分田制禄可坐而定也
夫音扶○畢戰滕臣文公因孟子之言而使畢戰主爲井地之事故又使之來問其詳也井地即井田也經界謂治地分田經畫其溝塗封植之界也此法不修則田無定分而豪强得以兼并故井地有不鈞賦無定法而貪暴得以多取故穀禄有不平此欲

行仁政者之所以必從此始而暴君
汙吏則必欲慢而廢之也有以正之
則分田制祿可不勞而定矣
夫滕壤地褊小將爲君子焉將爲野人
焉無君子莫治野人無野人莫養君子
夫音扶養去聲○言滕地雖小然其
間亦必有爲君子而仕者亦必有爲
野人而耕者是以分田制祿之法不

可徧廢也
請野九一而助國中什一使自賦
此分田制祿之常法所以治野人使
養君子也野郊外都鄙之地也九一
而助爲公田而行助法也國中郊門
之内鄉遂之地也田不井授但爲溝
洫使什而自賦其一蓋用貢法也周
所謂徹法者蓋如此以此推之當時

非惟助法不行其貢亦不止什一矣
卿以下必有圭田圭田五十畝
此世祿常制之外又有圭田所以厚
君子也圭潔也所以奉祭祀也不言
世祿者滕已行之但此未備耳
餘夫二十五畝
程子曰一夫上父母下妻子以五口
八口爲率受田百畝如有弟是餘夫

也年十六別受田二十五畝俟其壯
而有室然後更受百畝之田愚按此
百畝常制之外文有餘夫之田以厚
野人也

死徙無出鄉鄉田同井出入相友守望
相助疾病相扶持則百姓親睦
死謂葬也徙謂徙其居也同井者八
家也友猶伴也守望防寇盜也

方里而井井九百畝其中爲公田八家皆私百畝同養公田公事畢然後敢治私事所以别野人也

養去聲别彼列反○此詳言井田形體之制乃周之助法也公田以爲君子之禄而私田野人之所受先公後私所以别君子野人之分也不言君子據野人而言省文耳上言野及國

中二法此此獨詳於治野者國中貢法
當世已行但取之過於什一爾
此其大略也若夫潤澤之則在君與子
矣
夫音扶。井地之法諸侯皆去其籍
此特其大略而已潤澤謂因時制宜
使合於人情宜於土俗而不失乎先
王之意也。呂氏曰子張子慨然有

意三代之治論治人先務未始不以
經界爲急講求法制粲然備具要之
可以行于今如有用我者舉而措之
耳嘗曰仁政必自經界始貧富不均
教養無法雖欲言治皆苟而已世之
病難行者未始不以亟奪富人之田
爲辭然兹法之行悅之者衆苟處之
有術期以數年不刑一人而可復所

病者特上之末行耳乃言曰縱不能行之天下猶可驗之一鄉方與學者議古之法買田一方畫爲數井上不失公家之賦役退以其私正經界分宅里立斂法廣儲蓄興學校成禮俗救菑恤患厚本抑末足以推先王之遺法明當今之可行有志未就而卒

○愚按喪禮經界兩章見孟子之學

識其大者是以雖當禮法廢壞之後制度節文不可復考而能因略以致詳推舊而爲新不屑屑於既往之迹而能合乎先王之意真可謂命世亞聖之才矣

有爲神農之言者許行自楚之滕踵門而告文公曰遠方之人聞君行仁政願受一廛而爲氓文公與之處其徒數十

人皆衣褐捆屨織席以爲食
衣去聲捆音閫○神農炎帝神農氏
始爲耒耜教民稼穡者也爲其言者
史遷所謂農家者流也許姓行名也
踵門足至門也仁政上章所言井地
之法也廛民所居也氓野人之稱褐
毛布賤者之服也捆扣椓之欲其堅
也以爲食賣以供食也○程子曰許

行所謂神農之言乃後世稱述上古
之事失其義理者耳猶陰陽醫方稱
黄帝之説也
陳良之徒陳相與其弟辛負耒耜而自
宋之滕曰聞君行聖人之政是亦聖人
也願為聖人氓
陳良楚之儒者耜所以起土耒其柄
也

陳相見許行而大悅盡棄其學而學焉陳相見孟子道許行之言曰滕君則誠賢君也雖然未聞道也賢者與民並耕而食饔飧而治今也滕有倉廩府庫則是厲民而以自養也惡得賢

饔音雍飧音孫惡平聲○饔飧熟食也朝曰饔夕曰飧言當自炊爨以爲食而兼治民事也厲病也許行此言

蓋欲陰壞孟子分別君子野人之法
孟子曰許子必種粟而後食乎曰然許
子必織布而後衣乎曰否許子衣褐許
子冠乎曰冠曰奚冠曰冠素曰自織之
與曰否以粟易之曰許子奚爲不自織
曰害於耕曰許子以釜甑爨以鐵耕乎
曰然自爲之與曰否以粟易之
衣去聲與平聲○釜所以煮甑所以

炊爨然火也鐵耜屬也此語八反皆
孟子問而陳相對也
以粟易械器者不爲厲陶冶陶冶亦以
其械器易粟者豈爲厲農夫哉且許子
何不爲陶冶舍皆取諸其宮中而用之
何爲紛紛然與百工交易何許子之不
憚煩曰百工之事固不可耕且爲也
舍去聲○此孟子言而陳相對也械

器釜甑之屬也陶爲甑者冶爲釜鐵
者舍止也或讀屬上句舍謂作陶冶
之處也
然則治天下獨可耕且爲與有大人之
事有小民之事且一人之身而百工之
所爲備如必自爲而後用之是率天下
而路也故曰或勞心或勞力勞心者治
人勞力者治於人治於人者食人治人

者食於人天下之通義也
與平聲食音嗣○此以下皆孟子言
也路謂奔走道路無時休息也治於
人者見治於人也食人者出賦稅以
給公上也食於人者見食於人也此
四句皆古語而孟子引之也君子無
小人則飢小人無君子則亂以此相
易正猶農夫陶冶以粟與械器相易

乃所以相濟而非所以相病也治天
下者豈必耕且爲哉
當堯之時天下猶未平洪水橫流氾濫
於天下草木暢茂禽獸繁殖五穀不登
禽獸偪人獸蹄鳥跡之道交於中國堯
獨憂之舉舜而敷治焉舜使益掌火益
烈山澤而焚之禽獸逃匿禹疏九河瀹
濟漯而注諸海決汝漢排淮泗而注之

江然後中國可得而食也當是時也禹
八年於外三過其門而不入雖欲耕得
乎
瀹音藥濟子禮反漯佗合反。天下
猶未平者洪荒之世生民之害多矣
聖人迭興漸次除治至此尚未盡平
也洪大也橫流不由其道而散溢妄
行也氾濫橫流之貌暢茂長盛也繁

殖衆多也五穀稻黍稷麥菽也登成
熟也道路也獸蹄鳥跡交於中國言
禽獸多也敷布也益舜臣名烈熾也
禽獸逃匿然後禹得施治水之功疏
通也分也九河曰徒駭曰太史曰馬
頰曰覆釜曰胡蘇曰簡曰潔曰鉤盤
曰鬲津瀹亦疏通之意濟漯二水名
決排皆去其壅塞也汝漢淮泗亦皆

水名出據禹貢及今水路惟漢水入江耳汝泗則入淮而淮自入海此謂四水皆入于江記者之誤也

后稷教民稼穡樹藝五穀五穀熟而民人育人之有道也飽食煖衣逸居而無教則近於禽獸聖人有憂之使契爲司徒教以人倫父子有親君臣有義夫婦有別長幼有序朋友有信放勳曰勞之

來之匡之直之輔之翼之使自得之又從而振德之聖人之憂民如此而暇耕乎

契音薛別彼列反長放皆上聲勞來皆去聲○言水土平然後得以教稼穡衣食足然後得以施教化后稷官名棄爲之然言教民則亦非並耕矣樹亦種也藝殖也契亦舜臣名也司

徒官名也人之有道言其皆有秉彝之性也然無教則亦放逸怠惰而失之故聖人設官而教以人倫亦因其固有者而道之耳書曰天敘五典勑我五典五惇哉此之謂也放勲本史臣贊堯之辭孟子因以爲堯號也德猶惠也堯言勞者勞之來者來之邪者正之枉者直之輔以立之翼以行

之使自得其性矣又從而提撕警覺
以加惠焉不使其放逸怠惰而或失
之蓋命契之辭也
堯以不得舜爲己憂舜以不得禹皐陶
爲己憂夫以百畝之不易爲己憂者農
夫也
夫音扶易去聲○易治也堯舜之憂
民非事事而憂之也急先務而已所

以憂民者其大如此則不惟不暇耕
而亦不必耕矣
分人以財謂之惠教人以善謂之忠爲
天下得人者謂之仁是故以天下與人
易爲天下得人難
爲易並去聲○分人以財小惠而已
教人以善雖有愛民之實然其所及
亦有限而難久惟若堯之得舜舜之

得禹皐陶乃所謂爲天下得人者而
其恩惠廣大教化無窮矣此其所以
爲仁也
孔子曰大哉堯之爲君惟天爲大惟堯
則之蕩蕩乎民無能名焉君哉舜也巍
巍乎有天下而不與焉堯舜之治天下
豈無所用其心哉亦不用於耕耳
與去聲○則法也蕩蕩廣大之貌君

哉言盡君道也巍巍蕩蕩高大之貌不與
猶曰不相關言其不以位爲樂也
吾聞用夏變夷者未聞變於夷者也陳
良楚産也悅周公仲尼之道北學於中
國北方之學者未能或之先也彼所謂
豪傑之士也子之兄弟事之數十年師
死而遂倍之
此以下責陳相倍師而學許行也夏

諸夏禮義之教也變夷變化蠻夷之
人也變於夷反見變化於蠻夷之人
也產生也陳良生於楚在中國之南
故北遊而學於中國也先過也豪傑
才德出衆之稱言其能自拔於流俗
也倍與背同言陳良用夏變夷陳相
變於夷也
昔者孔子沒三年之外門人治任將歸

入揖於子貢相嚮而哭皆失聲然後歸
子貢反築室於場獨居三年然後歸他
日子夏子張子游以有若似聖人欲以
所事孔子事之彊曾子曾子曰不可江
漢以濯之秋陽以暴之皜皜乎不可尚
已
任平聲彊上聲暴蒲木反皜音杲。
三年古者爲師心喪三年若喪父而

無服也任擔也場冢上之壇場也有
若似聖人蓋其言行氣象有似之者
如檀弓所記子游謂有若之言似夫
子之類是也所事孔子所以事夫子
之禮也江漢水多言濯之潔也秋日
燥烈言暴之乾也皜皜潔白貌尚加
也言夫子道德明著光輝潔白非有
若所能彷彿也或曰此三語者孟子

賛美曾子之辭也

今也南蠻鴃舌之人非先王之道子倍子之師而學之亦異於曾子矣

鴃亦作鶪古役反。鴃博勞也惡聲之鳥南蠻之聲似之指許行也

吾聞出於幽谷遷于喬木者未聞下喬木而入於幽谷者

小雅伐木之詩云伐木丁丁鳥鳴嚶

嚶出自幽谷遷于喬木

魯頌曰戎狄是膺荆舒是懲周公方且膺之子是之學亦爲不善變矣

魯頌閟宮之篇也膺擊也荆楚本號也舒國名近楚者也懲艾也按今此詩爲僖公之頌而孟子以周公言之亦斷章取義也

從許子之道則市賈不貳國中無僞雖

使五尺之童適市莫之或欺布帛長短同則賈相若麻縷絲絮輕重同則賈相若五穀多寡同則賈相若屨大小同則賈相若

賈音價下同○陳相又言許子之道如此蓋神農始爲市井故許行又託於神農而有是說也五尺之童言幼小無知也許行欲使市中所粥之物

皆不論精粗美惡但以長短輕重多
寡大小爲價也
曰夫物之不齊物之情也或相倍蓰或
相什伯或相千萬子比而同之是亂天
下也巨屨小屨同賈人豈爲之哉從許
子之道相率而爲僞者也惡能治國家
夫音扶蓰音師又山綺反比必二反
惡平聲○倍一倍也蓰五倍也什伯

千萬皆倍數也比次也孟子言物之不齊乃其自然之理其有精粗猶其有大小也若大屨小屨同價則人豈肯爲其大者哉今不論精粗使之同價是使天下之人皆不肯爲其精者而競爲濫惡之物以相欺耳

墨者夷之因徐辟而求見孟子孟子曰吾固願見今吾尚病病愈我且往見夷

子不來
辟音壁又音闢○墨者治墨翟之道
者夷姓之名徐辟孟子弟子孟子稱
疾疑亦託辭以觀其意之誠否
他日又求見孟子孟子曰吾今則可以
見矣不直則道不見我且直之吾聞夷
子墨者墨之治喪也以薄爲其道也夷
子思以易天下豈以爲非是而不貴也

然而夷子葬其親厚則是以所賤事親
也
不見之見音現○又求見則其意已
誠矣故因徐辟以質之如此直盡言
以相正也莊子曰墨子生不歌死無
服桐棺三寸而無椁是墨之治喪以
薄爲道也易天下謂移易天下之風
俗也夷子學於墨氏而不從其教其

心必有所不安者故孟子因以詰之
徐子以告夷子夷子曰儒者之道古之
人若保赤子此言何謂也之則以爲愛
無差等施由親始徐子以告孟子孟子
曰夫夷子信以爲人之親其兄之子爲
若親其鄰之赤子乎彼有取爾也赤子
匍匐將入井非赤子之罪也且天之生
物也使之一本而夷子二本故也

夫音扶下同匍音蒲匐蒲北反○若
保赤子周書康誥篇文此儒者之言
也夷子引之蓋欲援儒而入於墨以
拒孟子之非己又曰愛無差等施由
親始則推墨而附於儒以釋己所以
厚葬其親之意皆所謂遁辭也孟子
言人之愛其兄子與鄰之子本有差
等書之取譬本爲小民無知而犯法

如赤子無知而入井耳且人物之生必各本於父母而無二乃自然之理若天使之然也故其愛由此立而推以及人自有差等今如夷子之言則是視其父母本無異於路人但其施之之序姑自此始耳非二本而何哉然其於先後之間猶知所擇則又其本心之明有終不得而息者此其所

以卒能受命而自覺其非也

蓋上世嘗有不葬其親者其親死則舉而委之於壑他日過之狐狸食之蠅蚋姑嘬之其顙有泚睨而不視夫泚也非爲人泚中心達於面目蓋歸反虆梩而掩之掩之誠是也則孝子仁人之掩其親亦必有道矣

蚋音汭嘬楚怪反泚七禮反睨音詣

爲去聲蔂力追反梩力知反○因夷

子厚葬其親而言此以深明一本之

意上世謂太古也委棄也壑山水所

趨也蚋蚊屬姑語助聲或曰螻蛄也

嘬攢共食之也顙額也泚泚然汗出之

貌睨邪視也視正視也不能不視而

又不忍正視哀痛迫切不能爲心之

甚也非爲人泚言非爲他人見之而

然也所謂一本者於此見之尤爲親切蓋惟至親故如此在他人則雖有不忍之心而其哀痛迫切不至若此之甚矣反覆也虆土籠也梩土轝也於是歸而掩覆其親之尸此葬埋之禮所由起也此掩其親者若所當然則孝子仁人所以掩其親者必有其道而不以薄爲貴矣

徐子以告夷子夷子憮然爲間曰命之矣

憮音武間如字○憮然茫然自失之貌爲間者有頃之間也命猶教也言孟子巳教我矣葢因其本心之明以攻其所學之蔽是以吾之言易入而彼之惑易解也

孟子卷第五

孟子卷第六　朱熹集注

滕文公章句下

凡十章

陳代曰不見諸侯宜若小然今一見之大則以王小則以霸且志曰枉尺而直尋宜若可爲也

王去聲○陳代孟子弟子也小謂小節也枉屈也直伸也八尺曰尋枉尺

直尋猶屈巳一見諸侯而可以致王
霸所屈者小所伸者大也
孟子曰昔齊景公田招虞人以旌不至
將殺之志士不忘在溝壑勇士不忘喪
其元孔子奚取焉取非其招不往也如
不待其招而往何哉
喪去聲○田獵也虞人守苑囿之吏
也招大夫以旌招虞人以皮冠元首

也志士固窮常念死無棺槨棄溝壑
而不恨勇士輕生常念戰鬭而死喪
其首而不顧也此二句乃孔子歎美
虞人之言夫虞人招之不以其物尚
守死而不往況君子豈可不待其招
而自往見之邪此以上告之以不可
往見之意
且夫枉尺而直尋者以利言也如以利

則枉尋直尺而利亦可爲與
夫音扶與平聲○此以下正其所稱
枉尺直尋之非夫所謂枉小而所伸
者大則爲之者計其利耳一有計利
之心則雖枉多伸少而有利亦將爲
之邪甚言其不可也
昔者趙簡子使王良與嬖奚乘終日而
不獲一禽嬖奚反命曰天下之賤工也

或以告王良良曰請復之彊而後可
朝而獲十禽嬖奚反命曰天下之良工
也簡子曰我使掌與女乘謂王良良不
可曰吾爲之範我馳驅終日不獲一爲
之詭遇一朝而獲十詩云不失其馳舍
矢如破我不貫與小人乘請辭
乘去聲彊上聲女音汝爲去聲舍上
聲○趙簡子晉大夫趙鞅也王良善

御者也嬖奚簡子幸臣與之乘爲之
御也復之再乘也彊而後可嬖奚不
肯彊之而後肯也一朝自晨至食時
也掌專主也範法度也詭遇不正而
與禽遇也言奚不善射以法馳驅則
不獲廢法詭遇而後中也詩小雅車
攻之篇言御者不失其馳驅之法而
射者發矢皆中而力今嬖奚不能也

貫習也
御者且羞與射者比比而得禽獸雖若
丘陵弗爲也如枉道而從彼何也且子
過矣枉已者未有能直人者也
比必三反。比阿黨也若丘陵言多
也。或曰居今之世出處去就不必
一一中節欲其一一中節則道不得
行矣。楊氏曰何其不自重也枉己

其能直人乎古之人寧道之不行而不輕其去就是以孔孟雖在春秋戰國之時而進必以正以至終不得行而死也使不卹其去就而可以行道孔孟當先為之矣孔孟豈不欲道之行哉

景春曰公孫衍張儀豈不誠大丈夫哉一怒而諸侯懼安居而天下熄

景春人姓名公孫衍張儀皆魏人怒
則說諸侯使相攻伐故諸侯懼也
孟子曰是焉得爲大丈夫乎子未學禮
乎丈夫之冠也父命之女子之嫁也母
命之往送之門戒之曰往之女家必敬
必戒無違夫子以順爲正者妾婦之道
也

焉於虔反冠去聲女家之女音汝。

加冠於首曰冠女家夫家也婦人内
夫家以嫁爲歸也夫子夫也女子從
人以順爲正道也蓋言二子阿諛苟
容竊取權勢乃妾婦順從之道耳非
丈夫之事也
居天下之廣居立天下之正位行天下
之大道得志與民由之不得志獨行其
道富貴不能淫貧賤不能移威武不能

屈此之謂大丈夫
廣居仁也正位禮也大道義也與民
由之推其所得於人也獨行其道守
其所得於己也淫蕩其心也移變其
節也屈挫其志也○何叔京曰戰國
之時聖賢道否天下不復見其德業
之盛但見姦巧之徒得志橫行氣焰
可畏遂以爲大丈夫不知由君子觀

之是乃妾婦之道耳何足道哉
周霄問曰古之君子仕乎孟子曰仕傳
曰孔子三月無君則皇皇如也出疆必
載質公明儀曰古之人三月無君則弔
傳直戀反質與贄同下同○周霄魏
人無君謂不得仕而事君也皇皇如
有求而弗得之意出疆謂失位而去
國也質所執以見人者如士則執雉

也出疆載之者將以見所適國之君
而事之也
三月無君則弔不以急乎
周霄問也以已通太也後章放此
曰士之失位也猶諸侯之失國家也禮
曰諸侯耕助以共粢盛夫人蠶繅以爲
衣服犧牲不成粢盛不潔衣服不備不
敢以祭惟士無田則亦不祭牲殺器皿

衣服不備不敢以祭則不敢以宴亦不
足弔乎
盛音成繅素刀反皿武永反○禮曰
諸侯爲藉百畝冕而青紘躬秉耒以
耕而庶人助以終畝收而藏之御廩
以供宗廟之粢盛使世婦蠶于公桑
蠶室奉繭以示于君遂獻于夫人夫
人副褘受之繅三盆手遂布于三宮

世婦使繅以爲黼黻文章而服以祀
先王先公又曰士有田則祭無田則
薦黍稷曰粢在器曰盛牲殺牲必特
殺也皿所以覆器者
出疆必載質何也
周霄問也
曰士之仕也猶農夫之耕也農夫豈爲
出疆舍其耒耜哉

爲去聲舍上聲

曰晉國亦仕國也未嘗聞仕如此其急仕如此其急也君子之難仕何也曰丈夫生而願爲之有室女子生而願爲之有家父母之心人皆有之不待父母之命媒妁之言鑽穴隙相窺踰牆相從則父母國人皆賤之古之人未嘗不欲仕也又惡不由其道不由其道而往者與

鑽穴隙之類也

爲去聲妁音酌隙去逆反惡去聲。晉國解見首篇仕國謂君子游宦之國霄意以孟子不見諸侯爲難仕故先問古之君子仕否然後言此以風切之也男以女爲室女以男爲家妁亦媒也言爲父母者非不願其男女之有室家而亦惡其不由道蓋君子

雖不潔身以亂倫而亦不徇利而忘
義也
彭更問曰後車數十乘從者數百人以
傳食於諸侯不以泰乎孟子曰非其道
則一簞食不可受於人如其道則舜受
堯之天下不以爲泰子以爲泰乎
更平聲乘從皆去聲傳直戀反簞音
丹食音嗣○彭更孟子弟子也泰侈

也

曰否士無事而食不可也

言不以舜爲泰但謂今之士無功而食人之食則不可也

曰子不通功易事以羨補不足則農有餘粟女有餘布子如通之則梓匠輪輿皆得食於子於此有人焉入則孝出則悌守先王之道以待後之學者而不得

食於子子何尊梓匠輪輿而輕爲仁義
者哉
羨延面反○通功易事謂通人之功
而交易其事羨餘也有餘言無所貿
易而積於無用也梓人匠人木工也
輪人輿人車工也
曰梓匠輪輿其志將以求食也君子之
爲道也其志亦將以求食與曰子何以

其志爲哉其有功於子可食而食之矣
且子食志乎食功乎曰食志
與平聲可食而食食志食功之食皆
音嗣下同○孟子言自我而言固不
求食自彼而言凡有功者則當食之
曰有人於此毁瓦畫墁其志將以求食
也則子食之乎曰否曰然則子非食志
也食功也

墁武安反子食之食亦音嗣○墁墻
壁之飾也毀瓦畫墁言無功而有害
也既曰食功則以士爲無事而食者
眞尊梓匠輪輿而輕爲仁義者矣
萬章問曰宋小國也今將行王政齊楚
惡而伐之則如之何
惡去聲○萬章孟子弟子宋王偃嘗
滅滕伐薛敗齊楚魏之兵欲霸天下

疑即此時也

孟子曰湯居亳與葛爲鄰葛伯放而不祀湯使人問之曰何爲不祀曰無以供犧牲也湯使遺之牛羊葛伯食之又不以祀湯又使人問之曰何爲不祀曰無以供粢盛也湯使亳衆往爲之耕老弱饋食葛伯率其民要其有酒食黍稻者奪之不授者殺之有童子以黍肉餉殺

而奪之書曰葛伯仇餉此之謂也
遺唯季反盛音成往爲之爲去聲饋
食酒食之食音嗣要平聲餉式亮反
○葛國名伯爵也放而不祀放縱無
道不祀先祖也亳衆湯之民其民葛
民也授與也餉亦饋也書商書仲虺
之誥也仇餉言與餉者爲仇也
爲其殺是童子而征之四海之內皆曰

非富天下也爲匹夫匹婦復讎也

爲去聲○非富天下言湯之心非以

天下爲富而欲得之也

湯始征自葛載十一征而無敵於天下

東面而征西夷怨南面而征北夷怨曰

奚爲後我民之望之若大旱之望雨也

歸市者弗止芸者不變誅其君弔其民

如時雨降民大悅書曰徯我后后來其

無罰

載亦始也十一征所征十一國也餘

已見前篇

有攸不惟臣東征綏厥士女匪厥玄黃紹我周王見休惟臣附于大邑周其君子實玄黃于匪以迎其君子其小人簞食壺漿以迎其小人救民於水火之中取其殘而已矣

食音嗣○按周書武成篇載武王之
言孟子約其文如此然其辭時與今
書文不類今姑依此文解之有所不
惟臣謂助紂為惡而不為周臣者匪
與篚同玄黃幣也紹繼也猶言事也
言其士女以匪盛玄黃之幣迎武王
而事之也商人而曰我周王猶商書
所謂我后也休美也言武王能順天

休命而事之者皆見休也臣附歸服
也孟子又釋其意言商人聞周師之
來各以其類相迎者以武王能救民
於水火之中取其殘民者誅之而不
爲暴虐耳君子謂在位之人小人謂
細民也

太誓曰我武惟揚侵于之疆則取于殘
殺伐用張于湯有光

太誓周書也今書文亦小異言武王威武奮揚侵彼紂之疆界取其殘賊而殺伐之功因以張大比於湯之伐桀文有光焉引此以證上文取其殘之義

不行王政云爾苟行王政四海之內皆舉首而望之欲以爲君齊楚雖大何畏焉

宋實不能行王政後果爲齊所滅王
偃走死。○尹氏曰爲國者能自治而
得民心則天下皆將歸往之恨其征
伐之不早也尚何強國之足畏哉苟
不自治而以強弱之勢言之是可畏
而已矣
孟子謂戴不勝曰子欲子之王之善與
我明告子有楚大夫於此欲其子之齊

語也則使齊人傅諸使楚人傅諸曰使齊人傅之曰一齊人傅之衆楚人咻之雖日撻而求其齊也不可得矣引而置之莊嶽之間數年雖日撻而求其楚亦不可得矣

與平聲咻音休○戴不勝宋臣也齊語齊人語也傅教也咻讙也齊齊語也莊嶽齊街里名也楚楚語也此先

設譬以曉之也

子謂薛居州善士也使之居於王所在於王所者長幼卑尊皆薛居州也王誰與爲不善在王所者長幼卑尊皆非薛居州也王誰與爲善一薛居州獨如宋王何

長上聲○居州亦宋臣言小人衆而君子獨無以成正君之功

公孫丑問曰不見諸侯何義孟子曰古者不爲臣不見

不爲臣謂未仕於其國者也此不見諸侯之義也

段干木踰垣而辟之泄柳閉門而不內是皆已甚迫斯可以見矣

辟去聲内與納同○段干木魏文侯時人泄柳魯繆公時人文侯繆公欲

見此二人而二人不肯見之蓋未爲臣也已甚過甚也迫謂求見之切也
陽貨欲見孔子而惡無禮大夫有賜於士不得受於其家則往拜其門陽貨瞯孔子之亡也而饋孔子蒸豚孔子亦瞯其亡也而往拜之當是時陽貨先豈得不見
欲見之見音現惡去聲瞯音勘○此

又引孔子之事以明可見之節也欲
見孔子欲召孔子來見己也惡無禮
畏人以己爲無禮也受於其家對使
人拜受於家也其門大夫之門也瞯
窺也陽貨於魯爲大夫孔子爲士故
以此物及其不在而饋之欲其來拜
而見之也先謂先來加禮也
曾子曰脅肩諂笑病于夏畦子路曰未

同而言觀其色赧赧然非由之所知也
由是觀之則君子之所養可知已矣
脅虚業反赧奴簡反○脅肩竦體諂
笑強笑皆小人側媚之態也病勞也
夏畦夏月治畦之人也言爲此者其
勞過於夏畦之人也未同而言與人
未合而強與之言也赧赧慙而面赤
之貌由子路名言非已所知甚惡之

之辭也孟子言由此二言觀之則二子之所養可知必不肯不俟其禮之至而輒往見之也○此章言聖人禮義之中正過之者傷於迫切而不洪不及者淪於汚賤而可恥

戴盈之曰什一去關市之征今茲未能請輕之以待來年然後已何如

去上聲○盈之亦宋大夫也什一井

田之法也關市之征商賈之稅也已
止也
孟子曰今有人日攘其鄰之雞者或告之曰是非君子之道曰請損之月攘一雞以待來年然後已
攘如羊反○攘物自來而取之也損減也
如知其非義斯速已矣何待來年

知義理之不可而不能速改與月攘
一雞何以異哉
公都子曰外人皆稱夫子好辯敢問何
也孟子曰予豈好辯哉予不得已也
好去聲下同
天下之生久矣一治一亂
治去聲○生謂生民也一治一亂氣
化盛衰人事得失反覆相尋理之常

也

當堯之時水逆行氾濫於中國蛇龍居之民無所定下者爲巢上者爲營窟書曰洚水警余洚水者洪水也

洚音降又胡貢胡工二反○水逆行下流壅塞故水倒流而旁溢也下下地上高地也營窟穴處也書虞書大禹謨也洚水洚洞無涯之水也警戒

也此一亂也
使禹治之禹掘地而注之海驅蛇龍而
放之菹水由地中行江淮河漢是也險
阻既遠鳥獸之害人者消然後人得平
土而居之
菹側魚反○掘地掘去壅塞也菹澤
生草者也地中兩涯之間也險阻謂
水之氾濫也遠去也消除也此一治

也

堯舜既沒聖人之道衰暴君代作壞宮室以爲汙池民無所安息棄田以爲園囿使民不得衣食邪說暴行又作園囿汙池沛澤多而禽獸至及紂之身天下又大亂

壞音怪行去聲下同沛蒲內反○暴君謂夏太康孔甲履癸商武乙之類

也宮室民居也沛草木之所生也澤
水所鍾也自堯舜没至此治亂非一
及紂而又一大亂也
周公相武王誅紂伐奄三年討其君驅
飛廉於海隅而戮之滅國者五十驅虎
豹犀象而遠之天下大悅書曰丕顯哉
文王謨丕承哉武王烈佑啓我後人咸
以正無缺

相去聲奄平聲○奄東方之國助紂
爲虐者也飛廉紂幸臣也五十國皆
紂黨虐民者也書周書君牙之篇丕
大也顯明也謨謀也承繼也烈光也
佑助也啓開也缺壞也此一治也
世衰道微邪説暴行有作臣弑其君者
有之子弑其父者有之
有作之有讀爲又古字通用○此周

室東遷之後又一亂也
孔子懼作春秋春秋天子之事也是故
孔子曰知我者其惟春秋乎罪我者其
惟春秋乎
胡氏曰仲尼作春秋以寓王法厚典
庸禮命德討罪其大要皆天子之事
也知孔子者謂此書之作遏人欲於
橫流存天理於既滅為後世慮至深

遠也罪孔子者以謂無其位而託二
百四十二年南面之權使亂臣賊子
禁其欲而不得肆則戚矣愚謂孔子
作春秋以討亂賊則致治之法垂於
萬世是亦一治也
聖王不作諸侯放恣處士橫議楊朱墨
翟之言盈天下天下之言不歸楊則歸
墨楊氏爲我是無君也墨氏兼愛是無

父也無父無君是禽獸也公明儀曰庖
有肥肉廄有肥馬民有飢色野有餓莩
此率禽獸而食人也楊墨之道不息孔
子之道不著是邪説誣民充塞仁義也
仁義充塞則率獸食人人將相食
横爲皆去聲莩皮表反。楊朱但知
愛身而不復知有致身之義故無君
墨子愛無差等而視其至親無異衆

人故無父無父無君則人道滅絶是
亦禽獸而已公明儀之言義見首篇
充塞仁義謂邪說徧滿妨於仁義也
孟子引儀之言以明楊墨道行則人
皆無父無君以陷於禽獸而大亂將
起是亦率獸食人而人又相食也此
又一亂也

吾爲此懼閑先聖之道距楊墨放淫辭

邪說者不得作作於其心害於其事作於其事害於其政聖人復起不易吾言矣

爲去聲復扶又反○閑衛也放驅而遠之也作起也事所行政大體也孟子雖不得志於時然楊墨之害自是滅息而君臣父子之道賴以不墜是亦一治也○程子曰楊墨之害甚於

申韓佛氏之害甚於楊墨蓋楊氏爲我疑於義墨氏兼愛疑於仁申韓則淺陋易見故孟子止闢楊墨爲其惑世之甚也佛氏之言近理又非楊墨之比所以爲害尤甚

昔者禹抑洪水而天下平周公兼夷狄驅猛獸而百姓寧孔子成春秋而亂臣賊子懼

抑止也兼并之也總結上文也
詩云戎狄是膺荆舒是懲則莫我敢承
無父無君是周公所膺也
說見上篇承當也
我亦欲正人心息邪說距詖行放淫辭
以承三聖者豈好辯哉予不得已也
行好皆去聲○詖淫解見前篇辭者
說之詳也承繼也三聖禹周公孔子

也蓋邪說橫流壞人心術甚於洪水猛獸之災慘於夷狄篡弒之禍故孟子深懼而力救之再言豈好辯哉予不得已也所以深致意焉然非知道之君子孰能真知其所以不得已之故哉

能言距楊墨者聖人之徒也

言苟有能為此距楊墨之說者則其

所趨正矣雖未必知道是亦聖人之徒也孟子既答公都子之問而意有未盡故復言此蓋邪説害正人人得而攻之不必聖賢如春秋之法亂臣賊子人人得而討之不必士師也聖人救世立法之意其切如此若以此意推之則不能攻討而又唱爲不必攻討之説者其爲邪詖之徒亂賊之

黨可知矣○尹氏曰學者於是非之
原毫釐有差則害流於生民禍及於
後世故孟子辯邪說如是之嚴而自
以爲承三聖之功也當是時方且以
好辯目之是以常人之心而度聖賢
之心也
匡章曰陳仲子豈不誠廉士哉居於陵
三日不食耳無聞目無見也井上有李

螬食實者過半矣匍匐往將食之三咽
然後耳有聞目有見
於音烏下於陵同螬音曹咽音宴○
匡章陳仲子皆齊人廉有分辨不苟
取也於陵地名螬蠐螬蟲也匍匐言
無力不能行也咽吞也

孟子曰於齊國之士吾必以仲子爲巨
擘焉雖然仲子惡能廉充仲子之操則

蚓而後可者也

擘薄厄反惡平聲蚓音引○巨擘大指也言齊人中有仲子如衆小指中有大指也充推而滿之也操所守也蚓丘蚓也言仲子未得爲廉也必若滿其所守之志則惟丘蚓之無求於世然後可以爲廉耳

夫蚓上食槁壤下飲黃泉仲子所居之

室伯夷之所築與抑亦盜跖之所築與所食之粟伯夷之所樹與抑亦盜跖之所樹與是未可知也

夫音扶與平聲○槁壤乾土也黃泉濁水也抑發語辭也言蚓無求於人而自足而仲子未免居室食粟若所從來或有非義則是未能如蚓之廉也

曰是何傷哉彼身織屨妻辟纑以易之
也
辟音璧纑音盧○辟績也纑練麻也
曰仲子齊之世家也兄戴蓋祿萬鍾以
兄之祿爲不義之祿而不食也以兄之
室爲不義之室而不居也辟兄離母處
於於陵他日歸則有饋其兄生鵝者己
頻顣曰惡用是鶃鶃者爲哉他日其母

殺是鶂也與之食之其兄自外至曰是
鶂鶂之肉也出而哇之
蓋音閤辟音避頻與顰同顣與蹙同
子六反惡平聲鶂魚一反哇音蛙。
世家世卿之家兄名戴蓋食采於蓋其
入萬鍾也歸自於陵歸也己仲子也
鶂鶂鵝聲也頻顣而言以其兄受饋
爲不義也哇吐之也

以母則不食以妻則食之以兄之室則
弗居以於陵則居之是尚爲能充其類
也乎若仲子者蚓而後充其操者也
言仲子以母之食兄之室爲不義而
不食不居其操守如此至於妻所易
之粟於陵所居之室旣未必伯夷之
所爲則亦不義之類耳今仲子於此
則不食不居於彼則食之居之豈爲

能充蒲其操守之類者乎必其無求自足如丘蚓然乃爲能蒲其志而得爲廉耳然豈人之所可爲哉○范氏曰天之所生地之所養無人爲大人之所以爲大者以其有人倫也仲子避兄離母無親戚君臣上下是無人倫也豈有無人倫而可以爲廉哉

孟子卷第六

中華古籍保護計劃

ZHONG HUA GU JI BAO HU JI HUA CHENG GUO

·成果·

（宋）朱熹　集注

宋本孟子集注

第一册

國家圖書館出版社

圖書在版編目(CIP)數據

宋本孟子集注:全五册/(宋)朱熹集注.-- 北京:國家圖書館出版社,2016.4(2018.2 重印)

(國學基本典籍叢刊)

ISBN 978-7-5013-5659-1

Ⅰ.①宋… Ⅱ.①朱… Ⅲ.①儒家 ②《孟子》—注釋 Ⅳ.①B222.52

中國版本圖書館 CIP 數據核字(2015)第 199013 號

書　　名	宋本孟子集注(全五册)
著　　者	(宋)朱熹　集注
責任編輯	南江濤
封面設計	徐新狀
出　　版	國家圖書館出版社(100034　北京市西城區文津街7號) (原書目文獻出版社　北京圖書館出版社)
發　　行	010-66114536　66126153　66151313　66175620 66121706(傳真)　66126156(門市部)
E-mail	nlcpress@nlc.cn(郵購)
Website	www.nlcpress.com→投稿中心
經　　銷	新華書店
印　　裝	北京市通州興龍印刷廠
版　　次	2016年4月第1版　2018年2月第3次印刷
開　　本	880×1230(毫米)　1/32
印　　張	32
書　　號	ISBN 978-7-5013-5659-1
定　　價	98.00圓

《國學基本典籍叢刊》編委會

學術顧問：杜澤遜

主　編：韓永進

副主編：張志清

委　員：賈貴榮　陳紅彥　王雁行　張　潔　黄顯功　劉乃英

《國學基本典籍叢刊》前言

國家圖書館出版社（原書目文獻出版社 北京圖書館出版社）成立三十多年來，出版了大量的中國傳統文化典籍。由於這些典籍的出版往往採用叢書的方式或綫裝形式，供公共圖書館和大學圖書館典藏使用，普通讀者因價格較高、部頭較大，不易購買使用。爲弘揚優秀傳統文化，滿足廣大普通讀者的需求，現將經、史、子、集各部的常用典籍，選擇善本，分輯陸續出版單行本。每書之前均加簡要説明，必要者加編目録和索引，總名《國學基本典籍叢刊》。歡迎讀者提出寶貴意見和建議，以使這項工作逐步完善。

國家圖書館出版社

二〇一六年四月

序言

《孟子》與《大學》《中庸》《論語》一起合稱《四書》，是儒家傳道、授業的基本教材。其實，北宋以前公認的中國古代儒家經典著作祇有《五經》，即《詩經》《尚書》《禮記》《周易》和《春秋》，簡稱爲『詩』『書』『禮』『易』『春秋』，《四書》尚未自成體系。到了北宋時期的程顥、程頤兄弟，纔開始大力提倡這四部書。程氏兄弟認爲，《論語》《孟子》二書表達了儒學的基本思想體系，是研治儒學最重要的文獻；《大學》是孔子講授『初學入德之門』的要籍，《中庸》是『孔門傳授心法』之書。正是根據這樣的觀點，南宋光宗紹熙元年（一一九〇），程門弟子、著名理學家朱熹在福建漳州將《大學》《論語》《孟子》《中庸》彙集到一起，作爲一套經書刊刻問世。這位儒家大學者認爲『先讀《大學》，以定其規模；次讀《論語》，以定其根本；次讀《孟子》，以觀其發越；次讀《中庸》，以求古人之微妙處』（見《朱子語類》卷十四）。

朱熹著《四書章句集注》，具有劃時代意義。漢唐是《五經》時代，宋後是《四書》時代，朱熹把《論語》《大學》《中庸》《孟子》這四部書編在一起，因爲它們分別出於早期儒家的四位代表性人物孔子、曾參、子思、孟子，所以也稱爲『四子書』，簡稱即爲『四書』。朱熹分別爲這四部書作了注釋，其中《大學》《中庸》的注釋稱爲『章句』，《論語》《孟子》的注釋因爲引用他人的說法較多，稱爲

『集注』。值得注意的是，朱熹所編訂的《四書》次序本來是《大學》《論語》《孟子》《中庸》，是按照由淺入深進修的順序排列的，後人因爲《大學》《中庸》的篇幅較短，爲了刻寫出版的方便，而把《中庸》提到《論語》之前，成了現在通行的《大學》《中庸》《論語》《孟子》之順序。

元代延祐年間（一三一四—一三二〇）恢復科舉考試，正式把出題範圍限制在朱注《四書》之内，明、清沿襲而衍出『八股文』考試制度，題目也都是在朱注《四書》裏。由於這些因素，造就了《四書》凌駕於《五經》之上的獨特地位。《四書》之中，《孟子》的地位僅次於《論語》。從内容來看，《孟子》的故事性和論辯性更强，對後來的散文發展具有重要的指導作用。程頤於《讀論語孟子法》開篇即强調了其重要作用：『學者當以《論語》《孟子》爲本。《論語》《孟子》既治，則六經可不治而明矣。』《孟子》一書是孟子的言論彙編，記録了孟子的語言、政治觀點和政治行動，語言生動凝練。經過兩千年的流傳，其中許多詞句已成爲人盡皆知的成語或格言，至今仍被廣泛使用。據統計，僅源出《孟子》的成語就有二百多條，例如『爲富不仁』『明察秋毫』『緣木求魚』『水深火熱』『出爾反爾』『一曝十寒』等等。《孟子》乃至《四書》，在今日看來，除去研討中國古代思想史等方面的參考價值外，對現代人的修身養性、促進社會和諧，也有其可取之處。

此次影印所用底本，爲國家圖書館珍藏原鐵琴銅劍樓舊藏宋嘉定十年當塗郡齋刻嘉熙四年淳祐八年十二年遞修本。

南江濤

二〇一六年四月

總目録

第一册

第二册

第三册

第四册

第五册

第一册目録

據國家圖書館藏宋嘉定十年（一二一七）當塗郡齋刻嘉熙四年（一二四〇）淳祐八年（一二四八）十二年遞修本影印原書版框高二十五點三厘米寬十七點四厘米

孟子 朱熹集注序說

史記列傳曰孟軻趙氏曰孟子魯公族孟孫之後漢書注云字子車一說字子輿騶人也騶亦作鄒本邾國也受業子思之門人子思孔子之孫名伋索隱云王劭以人爲衍字而趙氏注及孔叢子等書亦皆云孟子親受業於子思未知是否道既通趙氏曰孟子通五經尤長於詩書程子曰孟子曰可以仕則仕可以止則止可以久則久可以速則速孔子聖之時者也故知易者莫如孟子又曰王者之迹熄而詩亡詩亡然後春秋作又曰春秋無義戰又曰

春秋天子之事故知春秋者莫如孟子尹氏曰以此而言則趙氏謂孟子長於詩書而已豈知孟子者哉游事齊宣王宣王不能用適梁梁惠王不果所言則見以爲迂遠而闊於事情按史記梁惠王之三十五年乙酉孟子始至梁其後二十三年當齊湣王之十年丁未齊人伐燕而孟子在齊故古史謂孟子先事齊宣王後乃見梁惠王襄王齊湣王獨孟子以伐燕爲宣王時事與史記荀子等書皆不合而通鑑以伐燕之歲爲宣王十九年則是孟子先游梁而後至齊見宣王矣然考異亦無它據又未知

孰是也當是之時秦用商鞅楚魏用吳
起齊用孫子田忌天下方務於合從
連衡以攻伐爲賢而孟軻乃述唐虞
三代之德是以所如者不合退而與
萬章之徒序詩書述仲尼之意作孟
子七篇趙氏曰凡二百六十一章三萬四千六百八十五字韓子曰孟軻之書非軻自著軻既沒其徒萬章公孫丑相與記軻所言焉㝡愚按二說不同史記近是

韓子曰堯以是傳之舜舜以是傳之禹禹以是傳之湯湯以是傳之文武周公文武周公傳之孔子孔子傳之孟軻軻之死不得其傳焉荀與揚也擇焉而不精語焉而不詳程子曰韓子此語非是蹈襲前人又非鑿空撰得出必有所見若無所見不知言所傳者何事○

又曰孟氏醇乎醇者也荀與揚大醇而小疵程子曰韓子論孟子甚善非見得孟子意亦道不到其論

荀楊則非也荀子極偏駁只一句性惡大本已失楊子雖少過然亦不識性更說甚道○又曰孔子之道大而能博門弟子不能徧觀而盡識也故學焉而皆得其性之所近其後離散分處諸侯之國又各以其所能授弟子源遠而末益分惟孟軻師子思而子思之學出於曾子自孔子沒獨孟軻氏之傳得其宗故求觀聖人之道者必

自孟子始程子曰孔子言參也魯然顏子沒後終得聖人之道者曾子也觀其啓手足時之言可以見矣所傳若子思孟子皆其學也

○又曰楊子雲曰古者楊墨塞路孟子辭而闢之廓如也夫楊墨行正道廢孟子雖賢聖不得位空言無施雖切何補然賴其言而今之學者尚知宗孔氏崇仁義貴王賤霸而已其大經大法皆亡滅而不救壞爛而不收

所謂存十一於千百安在其能廓如
也然向無孟氏則皆服左衽而言侏
離矣故愈嘗推尊孟氏以爲功不在
禹下者爲此也
或問於程子曰孟子還可謂聖人否程
子曰未敢便道他是聖人然學已到
至處愚按至字恐當作聖字○程子又曰孟子
有功於聖門不可勝言仲尼只說一

箇仁義孟子開口便說仁義仲尼只說一箇志孟子便說許多養氣出來只此二字其功甚多。又曰孟子有大功於世以其言性善也。又曰孟子性善養氣之論皆前聖所未發。又曰學者全要識時若不識時不足以言學顏子陋巷自樂以有孔子在焉若孟子之時世既無人安可不以道自任。又曰孟子有些英氣才有英氣便有圭角英氣甚害事如顏子便渾厚不同顏子去聖人只毫髮間孟子大賢亞聖之次也或曰英氣見於甚處曰但以孔子之言比之便可見且如冰與水精非不光比之玉自是有溫潤含蓄氣象無許多光耀也

楊氏曰孟子一書只是要正人心教人

存心養性收其放心至論仁義禮智
則以惻隱羞惡辭遜是非之心爲之
端論邪說之害則曰生於其心害於
其政論事君則曰格君心之非一正
君而國定千變萬化只說從心上來
人能正心則事無足爲者矣大學之
修身齊家治國平天下其本只是正
心誠意而已心得其正然後知性之

善故孟子遇人便道性善歐陽永叔
却言聖人之教人性非所先可謂誤
矣人性上不可添一物堯舜所以爲
萬世法亦是率性而已所謂率性循
天理是也外邊用計用數假饒立得
功業只是人欲之私與聖賢作處天
地懸隔

孟子卷第一　朱熹集注

梁惠王章句上

凡七章

孟子見梁惠王

梁惠王魏侯罃也都大梁僭稱王謚曰惠史記惠王三十五年卑禮厚幣以招賢者而孟軻至梁

王曰叟不遠千里而來亦將有以利吾

國乎

叟長老之稱王所謂利蓋富國彊兵
之類

孟子對曰王何必曰利亦有仁義而已矣

仁者心之德愛之理義者心之制事
之宜也此二句乃一章之大指下文
乃詳言之後多放此

王曰何以利吾國大夫曰何以利吾家

士庶人曰何以利吾身上下交征利而國危矣萬乘之國弑其君者必千乘之家千乘之國弑其君者必百乘之家萬取千焉千取百焉不爲不多矣苟爲後義而先利不奪不饜

乘去聲饜於豔反。此言求利之害以明上文何必曰利之意也征取也上取乎下下取乎上故曰交征國危

謂將有弒奪之禍乘車數也萬乘之
國者天子畿內地方千里出車萬乘
千乘之家者天子之公卿采地方百
里出車千乘也千乘之國諸侯之國
百乘之家諸侯之大夫也弒下殺上
也饜足也言臣之於君每十分而取
其一分亦已多矣若又以義爲後而
以利爲先則不弒其君而盡奪之其

心未肯以爲足也

未有仁而遺其親者也未有義而後其君者也

此言仁義未嘗不利以明上文亦有仁義而已之意也遺猶棄也後不急也言仁者必愛其親義者必急其君故人君躬行仁義而無求利之心則其下化之自親戴於己也

王亦曰仁義而已矣何必曰利
重言之以結上文兩節之意○此章
言仁義根於人心之固有天理之公
也利心生於物我之相形人欲之私
也循天理則不求利而自無不利徇
人欲則求利未得而害已隨之所謂
毫釐之差千里之繆此孟子之書所
以造端託始之深意學者所宜精察

而明辨也。○太史公曰余讀孟子書至梁惠王問何以利吾國未嘗不廢書而歎也曰嗟乎利誠亂之始也夫子罕言利常防其源也故曰放於利而行多怨自天子以至於庶人好利之弊何以異哉。○程子曰君子未嘗不欲利但專以利爲心則有害惟仁義則不求利而未嘗不利也當是之

時天下之人惟利是求而不復知有
仁義故孟子言仁義而不言利所以
拔本塞源而救其弊此聖賢之心也
孟子見梁惠王王立於沼上顧鴻鴈麋
鹿曰賢者亦樂此乎
樂音洛篇内同○沼池也鴻鴈之大
者麋鹿之大者
孟子對曰賢者而後樂此不賢者雖有

此不樂也

此一章之大指

詩云經始靈臺經之營之庶民攻之不日成之經始勿亟庶民子來王在靈囿麀鹿攸伏麀鹿濯濯白鳥鶴鶴王在靈沼於牣魚躍文王以民力爲臺爲沼而民歡樂之謂其臺曰靈臺謂其沼曰靈沼樂其有麋鹿魚鼈古之人與民偕樂

故能樂也

亟音棘麀音憂鶴詩作翯户角反於音烏○此引詩而釋之以明賢者而後樂此之意詩大雅靈臺之篇經量度也靈臺文王臺名也營謀爲也攻治也不日不終日也亟速也言文王戒以勿亟也子來如子來趨父事也靈囿靈沼臺下有囿囿中有沼也麀

牝鹿也伏安其所不驚動也濯濯肥
澤貌鶴鶴潔白貌於歎美辭牣滿也
孟子言文王雖用民力而民反歡樂
之既加以美名而又樂其所有蓋由
文王能愛其民故民樂其樂而文王
亦得以享其樂也
湯誓曰時日害喪予及女偕亡民欲與
之偕亡雖有臺池鳥獸豈能獨樂哉

害音曷喪去聲女音汝○此引書而
釋之以明不賢者雖有此不樂之意
也湯誓商書篇名時是也日指夏桀
害何也桀嘗自言吾有天下如天之
有日日亡吾乃亡耳民怨其虐故因
其自言而目之曰此日何時亡乎若
亡則我寧與之俱亡葢欲其亡之甚
也孟子引此以明君獨樂而不恤其

民則民怨之而不能保其樂也
梁惠王曰寡人之於國也盡心焉耳矣
河內凶則移其民於河東移其粟於河
內河東凶亦然察鄰國之政無如寡人
之用心者鄰國之民不加少寡人之民
不加多何也
寡人諸侯自稱言寡德之人也河內
河東皆魏地凶歲不熟也移民以就

食移粟以給其老稚之不能移者。
孟子對曰王好戰請以戰喻塡然鼓之兵刃既接棄甲曳兵而走或百步而後止或五十步而後止以五十步笑百步則何如曰不可直不百步耳是亦走也曰王如知此則無望民之多於鄰國也
好去聲塡音田。塡鼓音也兵以鼓進以金退直猶但也言此以譬鄰國

不卹其民惠王能行小惠然皆不能
行王道以養其民不可以此而笑彼
也楊氏曰移民移粟荒政之所不廢
也然不能行先王之道而徒以是爲
盡心焉則末矣
不違農時穀不可勝食也數罟不入洿
池魚鼈不可勝食也斧斤以時入山林
材木不可勝用也穀與魚鼈不可勝食

材木不可勝用是使民養生喪死無憾
也養生喪死無憾王道之始也
勝音升數音促罟音古洿音烏○農
時謂春耕夏耘秋收之時凡有興作
不違此時至冬乃役之也不可勝食
言多也數密也罟網也洿窊下之地
水所聚也古者網罟必用四寸之目
魚不滿尺市不得粥人不得食山林

川澤與民共之而有厲禁草木零落然後斧斤入焉此皆爲治之初法制未備且因天地自然之利而撙節愛養之事也然飲食宮室所以養生祭祀棺槨所以送死皆民所急而不可無者今皆有以資之則人無所恨矣王道以得民心爲本故以此爲王道之始

五畝之宅樹之以桑五十者可以衣帛矣雞豚狗彘之畜無失其時七十者可以食肉矣百畝之田勿奪其時數口之家可以無飢矣謹庠序之教申之以孝悌之義頒白者不負戴於道路矣七十者衣帛食肉黎民不飢不寒然而不王者未之有也

衣去聲畜許六反數去聲王去聲凡

有天下者人稱之曰王則平聲據其
身臨天下而言曰王則去聲後皆放
此○五畝之宅一夫所受二畝半在
田二畝半在邑田中不得有木恐妨
五穀故於墻下植桑以供蠶事五十
始衰非帛不煖未五十者不得衣也
畜養也時謂孕字之時如孟春犧牲
毋用牝之類也七十非肉不飽未七

十者不得食也百畝之田亦一夫所
受至此則經界正井地均無不受田
之家矣庠序皆學名也申重也丁寧
反覆之意善事父母爲孝善事兄長
爲悌須與班同老人頭半白黑者也
負任在背戴任在首夫民衣食不足
則不暇治禮義而飽煖無教則又近
於禽獸故既富而教以孝悌則人知

愛親敬長而代其勞不使之負戴於道路矣衣帛食肉但言七十舉重以見輕也黎黑也黎民黑髮之人猶秦言黔首也少壯之人雖不得衣帛食肉然亦不至於飢寒也此言盡法制品節之詳極財成輔相之道以左右民是王道之成也

狗彘食人食而不知檢塗有餓莩而不

知發人死則曰非我也歲也是何異於
刺人而殺之曰非我也兵也王無罪歲
斯天下之民至焉
莩平表反刺七亦反○檢制也莩餓
死人也發發倉廩以賑貸也歲謂歲
之豐凶也惠王不能制民之產又使
狗彘得以食人之食則與先王制度
品節之意異矣至於民飢而死猶不

知發則其所移特民閒之粟而已乃以民不加多歸罪於歲凶是知刃之殺人而不知操刃者之殺人也不罪歲則必能自反而益修其政天下之民至焉則不但多於鄰國而已。程子曰孟子之論王道不過如此可謂實矣又曰孔子之時周室雖微天下猶知尊周之爲義故春秋以尊周爲本至孟子時七國爭雄天下不復知有周而生民之塗炭已極當是時諸侯能行王道則可以王矣此孟子所以勸齊梁之君也蓋王者天下之義主也聖賢亦何心哉視天命之改與未改耳

梁惠王曰寡人願安承教

承上章言願安意以受教

孟子對曰殺人以梃與刃有以異乎曰
無以異也
梃徒頂反。梃杖也
以刃與政有以異乎曰無以異也
孟子又問而王荅也
曰庖有肥肉廄有肥馬民有飢色野有
餓莩此率獸而食人也
厚斂於民以養禽獸而使民飢以死

則無異於驅獸以食人矣

獸相食且人惡之爲民父母行政不免於率獸而食人惡在其爲民父母也

惡之之惡去聲惡在之惡平聲○君者民之父母也惡在猶言何在也

仲尼曰始作俑者其無後乎爲其象人而用之也如之何其使斯民飢而死也

俑音勇爲去聲○俑從葬木偶人也

古之葬者束草爲人以爲從衛謂之
芻靈略似人形而已中古易之以俑
則有面目機發而太似人矣故孔子
惡其不仁而言其必無後也孟子言
此作俑者但用象人以葬孔子猶惡
之況實使民飢而死乎○李氏曰爲
人君者固未嘗有率獸食人之心然
徇一己之欲而不恤其民則其流必

至於此故以爲民父母告之夫父母
之於子爲之就利避害未嘗頃刻而
忘于懷何至視之不如犬馬乎
梁惠王曰晉國天下莫強焉叟之所知
也及寡人之身東敗於齊長子死焉西
喪地於秦七百里南辱於楚寡人恥之
願比死者一洒之如之何則可
長上聲喪去聲比必二反洒與洗同

○魏本晉大夫魏斯與韓氏趙氏共分晉地號曰三晉故惠王猶自謂晉國惠王三十年齊擊魏破其軍虜太子申十七年秦取魏少梁後魏又數獻地於秦又與楚將昭陽戰敗亡其七邑比猶爲也言欲爲死者雪其恥也

孟子對曰地方百里而可以王

百里小國也然能行仁政則天下之
民歸之矣
王如施仁政於民省刑罰薄稅斂深耕
易耨壯者以暇日修其孝悌忠信入以
事其父兄出以事其長上可使制梃以
撻秦楚之堅甲利兵矣
省所梗反斂易皆去聲耨奴豆反長
上聲○省刑罰薄稅斂此二者仁政

之大目也易治也耨耘也盡己之謂忠以實之謂信君行仁政則民得盡力於農畝而又有暇日以脩禮義是以尊君親上而樂於效死也

彼奪其民時使不得耕耨以養其父母父母凍餓兄弟妻子離散

養去聲○彼謂敵國也

彼陷溺其民王往而征之夫誰與王敵

夫音扶。陷陷於阱溺溺於水暴虐之意征正也以彼暴虐其民而率吾尊君親上之民往正其罪彼民方怨其上而樂歸於我則誰與我爲敵哉故曰仁者無敵王請勿疑

仁者無敵蓋古語也百里可王以此而已恐王疑其迂闊故勉使勿疑也

。孔氏曰惠王之志在於報怨孟子

之論在於救民所謂唯天吏則可以
伐之蓋孟子之本意

孟子見梁襄王

襄王惠王子名赫

出語人曰望之不似人君就之而不見
所畏焉卒然問曰天下惡乎定吾對曰
定于一

語去聲卒七沒反惡平聲○語告也

不似人君不見所畏言其無威儀也
卒然急遽之貌蓋容貌詞氣乃德之
符其外如此則其中之所存者可知
王問列國分爭天下當何所定孟子
對以必合于一然後定也
孰能一之
王問也
對曰不嗜殺人者能一之

嗜甘也

孰能與之

王復問也與猶歸也

對曰天下莫不與也王知夫苗乎七八月之閒旱則苗槁矣天油然作雲沛然下雨則苗浡然興之矣其如是孰能禦之今夫天下之人牧未有不嗜殺人者也如有不嗜殺人者則天下之民皆引

領而望之矣誠如是也民歸之由水之
就下沛然誰能禦之
夫音扶浡音勃由當作猶古字借用
後多放此。周七八月夏五六月也
油然雲盛貌沛然雨盛貌浡然興起
貌禦禁止也人牧謂牧民之君也領
頸也蓋好生惡死人心所同故人君
不嗜殺人則天下悅而歸之。蘇氏

曰孟子之言非苟爲大而已然不深原其意而詳究其實未有不以爲迂者矣予觀孟子以來自漢高祖及光武及唐太宗及我○太祖皇帝能一天下者四君皆以不嗜殺人致之其餘殺人愈多而天下愈亂秦晉及隋力能合之而好殺不已故或合而復分或遂以亡國孟子之言豈偶然而

已哉

齊宣王問曰齊桓晉文之事可得聞乎

齊宣王姓田氏名辟彊諸侯僭稱王也齊威公晉文公皆霸諸侯者

孟子對曰仲尼之徒無道桓文之事者是以後世無傳焉臣未之聞也無以則王乎

道言也董子曰仲尼之門五尺童子

羞稱五伯爲其先詐力而後仁義也
亦此意也以已通用無已必欲言之
而不止也王謂王天下之道
曰德何如則可以王矣曰保民而王莫
之能禦也
保愛護也
曰若寡人者可以保民乎哉曰可曰何
由知吾可也曰臣聞之胡齕曰王坐於

堂上有牽牛而過堂下者王見之曰牛何之對曰將以釁鍾王曰舍之吾不忍其觳觫若無罪而就死地對曰然則廢釁鍾與曰何可廢也以羊易之不識有諸

齕音核舍上聲觳音斛觫音速與平聲○胡齕齊臣也釁鍾新鑄鍾成而殺牲取血以塗其釁郄也觳觫恐懼

貌孟子述所聞胡齕之語而問王不
知果有此事否
曰有之曰是心足以王矣百姓皆以王
爲愛也臣固知王之不忍也
王見牛之觳觫而不忍殺即所謂惻
隱之心仁之端也擴而充之則可以
保四海矣故孟子指而言之欲王察
識於此而擴充之也愛猶吝也

王曰然誠有百姓者齊國雖褊小吾何
愛一牛即不忍其觳觫若無罪而就死
地故以羊易之也
言以羊易牛其迹似吝實有如百姓
所譏者然我之心不如是也
曰王無異於百姓之以王爲愛也以小
易大彼惡知之王若隱其無罪而就死
地則牛羊何擇焉王笑曰是誠何心哉

我非愛其財而易之以羊也宜乎百姓之謂我愛也

惡平聲○異怪也隱痛也擇猶分也言牛羊皆無罪而死何所分別而以羊易牛乎孟子故設此難欲王反求而得其本心王不能然故卒無以自解於百姓之言也

曰無傷也是乃仁術也見牛未見羊也

君子之於禽獸也見其生不忍見其死
聞其聲不忍食其肉是以君子遠庖廚
也
遠去聲 ○無傷言雖有百姓之言不
爲害也術謂法之巧者蓋殺牛既所
不忍釁鐘又不可廢於此無以處之
則此心雖發而終不得施矣然見牛
則此心已發而不可遏未見羊則其

理未形而無所妨故以羊易牛則二者得以兩全而無害此所以爲仁之術也聲謂將死而哀鳴也蓋人之於禽獸同生而異類故用之以禮而不忍之心施於見聞之所及其所以必遠庖厨者亦以預養是心而廣爲仁之術也

王說曰詩云他人有心予忖度之夫子

之謂也夫我乃行之反而求之不得吾心夫子言之於我心有戚戚焉此心之所以合於王者何也

説音悦忖七本反度待洛反夫我之夫音扶○詩小雅巧言之篇戚戚心動貌王因孟子之言而前日之心復萌乃知此心不從外得然猶未知所以反其本而推之也

曰有復於王者曰吾力足以舉百鈞而
不足以舉一羽明足以察秋毫之末而
不見輿薪則王許之乎曰否今恩足以
及禽獸而功不至於百姓者獨何與然
則一羽之不舉爲不用力焉輿薪之不
見爲不用明焉百姓之不見保爲不用
恩焉故王之不王不爲也非不能也
與平聲爲不之爲去聲。復白也鈞

三十斤百鈞至重難舉也羽鳥羽一
羽至輕易舉也秋毫之末毛至秋而
末銳小而難見也輿薪以車載薪大
而易見也許猶可也今恩以下又孟
子之言也蓋天地之性人爲貴故人
之與人又爲同類而相親是以惻隱
之發則於民切而於物緩推廣仁術
則仁民易而愛物難今王此心能及

物矣則其保民而王非不能也但自
不肯爲耳
曰不爲者與不能者之形何以異曰挾
太山以超北海語人曰我不能是誠不
能也爲長者折枝語人曰我不能是不
爲也非不能也故王之不王非挾太山
以超北海之類也王之不王是折枝之
類也

語去聲爲長之爲去聲長上聲折之
舌反○形狀也挾以腋持物也超躍
而過也爲長者折枝以長者之命折
草木之枝言不難也是心固有不待
外求擴而充之在我而已何難之有
老吾老以及人之老幼吾幼以及人之
幼天下可運於掌詩云刑于寡妻至于
兄弟以御于家邦言舉斯心加諸彼而

已故推恩足以保四海不推恩無以保
妻子古之人所以大過人者無他焉善
推其所爲而已矣今恩足以及禽獸而
功不至於百姓者獨何與
與平聲。老以老事之也吾老謂我
之父兄人之老謂人之父兄幼以幼
畜之也吾幼謂我之子弟人之幼謂
人之子弟運於掌言易也詩大雅思

齊之篇刑法也寡妻寡德之妻謙辭
也御治也不能推恩則衆叛親離故
無以保妻子蓋骨肉之親本同一氣
又非但若人之同類而已故古人必
由親親推之然後及於仁民又推其
餘然後及於愛物皆由近以及遠自
易以及難今王反之則必有故矣故
復推本而再問之

權然後知輕重度然後知長短物皆然
心爲甚王請度之
度之之度待洛反。○權稱錘也度丈
尺也度之謂稱量之也言物之輕重
長短人所難齊必以權度度之而後
可見若心之應物則其輕重長短之
難齊而不可不度以本然之權度又
有甚於物者今王恩及禽獸而功不

至於百姓是其愛物之心重且長而
仁民之心輕且短失其當然之序而
不自知也故上文既發其端而於此
請王度之也
抑王興甲兵危士臣搆怨於諸侯然後
快於心與
與平聲○抑發語辭士戰士也搆結
也孟子以王愛民之心所以輕且短

者必其以是三者爲快也然三事實
非人心之所快有甚於殺觳觫之牛
者故指以問王欲其以此而度之也
王曰否吾何快於是將以求吾所大欲
也
不快於此者心之正也而必爲此者
欲誘之也欲之所誘者獨在於是是
以其心尚明於他而獨暗於此此其

愛民之心所以輕短而功不至於百
姓也
曰王之所大欲可得聞與王笑而不言
曰爲肥甘不足於口與輕煖不足於體
與抑爲采色不足視於目與聲音不足
聽於耳與便嬖不足使令於前與王之
諸臣皆足以供之而王豈爲是哉曰否
吾不爲是也曰然則王之所大欲可知

巳欲辟土地朝秦楚莅中國而撫四夷
也以若所爲求若所欲猶緣木而求魚
也
與平聲爲肥抑爲豈爲不爲之爲皆
去聲便令皆平聲辟與闢同朝音潮
○便嬖近習嬖幸之人也巳語助辭
辟開廣也朝致其來朝也秦楚皆大
國莅臨也若如此也所爲指興兵結

怨之事緣木求魚言必不可得
王曰若是其甚與曰殆有甚焉緣木求
魚雖不得魚無後災以若所爲求若所
欲盡心力而爲之後必有災曰可得聞
與曰鄒人與楚人戰則王以爲孰勝曰
楚人勝曰然則小固不可以敵大寡固
不可以敵衆弱固不可以敵彊海內之
地方千里者九齊集有其一以一服八

何以異於鄒敵楚哉蓋亦反其本矣
甚與聞與之與平聲○殆蓋皆發語
辭鄒小國楚大國齊集有其一言集
合齊地其方千里是有天下九分之
一也以一服八必不能勝所謂後災
也反本說見下文
今王發政施仁使天下仕者皆欲立於
王之朝耕者皆欲耕於王之野商賈皆

欲藏於王之市行旅皆欲出於王之塗
天下之欲疾其君者皆欲赴愬於王其
若是孰能禦之
朝音潮賈音古愬與訴同○行貨曰
商居貨曰賈發政施仁所以王天下
之本也近者悅遠者來則大小彊弱
非所論矣蓋力求所欲則所欲者反
不可得能反其本則所欲者不求而

至與首章意同

王曰吾惛不能進於是矣願夫子輔吾志明以教我我雖不敏請嘗試之

惛與昏同

曰無恒產而有恒心者惟士爲能若民則無恒產因無恒心苟無恒心放辟邪侈無不爲已及陷於罪然後從而刑之是罔民也焉有仁人在位罔民而可爲

也

恒胡登反辟與僻同焉於虔反○恒常也產生業也常產可常生之業也常心人所常有之善心也士嘗學問知義理故雖無常產而有常心民則不能然矣罔猶羅網欺其不見而取之也

是故明君制民之產必使仰足以事父

母俯足以畜妻子樂歲終身飽凶年免於死亡然後驅而之善故民之從之也輕

畜許六反下同○輕猶易也此言民有常產而有常心也

今也制民之產仰不足以事父母俯不足以畜妻子樂歲終身苦凶年不免於死亡此惟救死而恐不贍奚暇治禮義

哉

治平聲凡治字爲理物之義者平聲爲巳理之義者去聲後皆放此○贍足也此所謂無常產而無常心者也

王欲行之則盍反其本矣

盍何不也使民有常產者又發政施仁之本也說具下文

五畝之宅樹之以桑五十者可以衣帛

矣雞豚狗彘之畜無失其時七十者可
以食肉矣百畝之田勿奪其時八口之
家可以無飢矣謹庠序之教申之以孝
悌之義頒白者不負戴於道路矣老者
衣帛食肉黎民不飢不寒然而不王者
未之有也

音見前章○此言制民之產之法也

趙氏曰八口之家次上農夫也此王

政之本常生之道故孟子爲齊梁之君各陳之也楊氏曰爲天下者舉斯心加諸彼而已然雖有仁心仁聞而民不被其澤者不行先王之道故也故以制民之産告之。此章言人君當黜霸功行王道而王道之要不過推其不忍之心以行不忍之政而已齊王非無此心而奪於功利之私不

能擴充以行仁政雖以孟子反覆曉
告精切如此而蔽固已深終不能悟
是可歎也

孟子卷第一

孟子卷第二

梁惠王章句下　　朱熹集注

凡十六章

莊暴見孟子曰暴見於王王語暴以好樂暴未有以對也曰好樂何如孟子曰王之好樂甚則齊國其庶幾乎

見於之見音現下見於同語去聲下同好去聲篇內並同○莊暴齊臣也

庶幾近辭也言近於治

他日見於王、曰王嘗語莊子以好樂有

諸王變乎色曰寡人非能好先王之樂

也直好丗俗之樂耳

變色者慚其好之不正也

曰王之好樂甚則齊其庶幾乎今之樂

猶古之樂也

今樂丗俗之樂古樂先王之樂

曰可得聞與曰獨樂樂與人樂樂孰樂

曰不若與人曰與少樂樂與衆樂樂孰

樂曰不若與衆

聞與之與平聲樂樂下字音洛孰樂

亦音洛○獨樂不若與人與少樂不

若與衆亦人之常情也

臣請爲王言樂

爲去聲○此以下皆孟子之言也

今王鼓樂於此百姓聞王鍾鼓之聲管籥之音舉疾首蹙頞而相告曰吾王之好鼓樂夫何使我至於此極也父子不相見兄弟妻子離散今王田獵於此百姓聞王車馬之音見羽旄之美舉疾首蹙頞而相告曰吾王之好田獵夫何使我至於此極也父子不相見兄弟妻子離散此無他不與民同樂也

蹙子六反頞音遏夫音扶同樂之樂音洛○鍾鼓管籥皆樂器也舉皆也疾首頭痛也蹙聚也頞額也人憂戚則蹙其額極窮也羽旄旌屬不與民同樂謂獨樂其身而不恤其民使之窮困也

今王鼓樂於此百姓聞王鍾鼓之聲管籥之音舉欣欣然有喜色而相告曰吾王

庶幾無疾病與何以能鼓樂也今王田獵
於此百姓聞王車馬之音見羽旄之美舉
欣欣然有喜色而相告曰吾王庶幾無疾
病與何以能田獵也此無他與民同樂也
病與之與平聲同樂之樂音洛○與
民同樂者推好樂之心以行仁政使
民各得其所也
今王與百姓同樂則王矣

好樂而能與百姓同之則天下之民歸之矣所謂齊其庶幾者如此○范氏曰戰國之時民窮財盡人君獨以南面之樂自奉其身孟子切於救民故因齊王之好樂開導其善心深勸其與民同樂而謂今樂猶古樂其實今樂古樂何可同也但與民同樂之意則無古今之異耳若必欲以禮樂

治天下當如孔子之言必用韶舞必
放鄭聲蓋孔子之言爲邦之正道孟
子之言救時之急務所以不同楊氏
曰樂以和爲主使人聞鍾鼓管絃之
音而疾首蹙頞則雖奏以咸英韶濩
無補於治也故孟子告齊王以此姑
正其本而已
齊宣王問曰文王之囿方七十里有諸

孟子對曰於傳有之

囿音又傳直戀反○囿者蕃育鳥獸之所古者四時之田皆於農隙以講武事然不欲馳騖於稼穡場圃之中故度閒曠之地以爲囿然文王七十里之囿其亦三分天下有其二之後也與傳謂古書

曰若是其大乎曰民猶以爲小也曰寡

人之囿方四十里民猶以爲大何也曰
文王之囿方七十里芻蕘者往焉雉兔
者往焉與民同之民以爲小不亦宜乎
芻音初蕘音饒芻草也蕘薪也
臣始至於境問國之大禁然後敢入臣
聞郊關之内有囿方四十里殺其麋鹿
者如殺人之罪則是方四十里爲阱於
國中民以爲大不亦宜乎

阱才性反○禮入國而問禁國外百
里爲郊郊外有關阱坎地以陷獸者
言陷民於死也
齊宣王問曰交鄰國有道乎孟子對曰
有惟仁者爲能以大事小是故湯事葛
文王事昆夷惟智者爲能以小事大故
大王事獯鬻句踐事呉
獯音熏鬻音育句音鈎○仁人之心

寬洪惻怛而無較計大小彊弱之私故小國雖或不恭而吾所以字之之心自不能已智者明義理識時勢故大國雖見侵陵而吾所以事之之禮尤不敢廢湯事見後篇文王事見詩大雅大王事見後章所謂狄人即獯鬻也句踐越王名事見國語史記

以大事小者樂天者也以小事大者畏

天者也樂天者保天下畏天者保其國
樂音洛○天者理而已矣大之字小
小之事大皆理之當然也自然合理
故曰樂天不敢違理故曰畏天包含
徧覆無不周遍保天下之氣象也制
節謹度不敢縱逸保一國之規模也
詩云畏天之威于時保之
周頌我將之篇時是也

王曰大哉言矣寡人有疾寡人好勇

言以好勇故不能事大而恤小也

對曰王請無好小勇夫撫劒疾視曰彼

惡敢當我哉此匹夫之勇敵一人者也

王請大之

夫撫之夫音扶惡平聲○疾視怒目

而視也小勇血氣所爲大勇義理所

發

詩云王赫斯怒爰整其旅以遏徂莒以篤周祜以對于天下此文王之勇也文王一怒而安天下之民

詩大雅皇矣篇赫赫然怒貌爰於也旅衆也遏詩作按止也徂往也莒詩作旅徂旅謂密人侵阮徂共之衆也篤厚也祜福也對答也以答天下仰望之心也此文王之大勇也

書曰天降下民作之君作之師惟曰其
助上帝寵之四方有罪無罪惟我在天
下曷敢有越厥志一人衡行於天下武
王恥之此武王之勇也而武王亦一怒
而安天下之民

衡與横同。書周書泰誓之篇也然
所引與今書文小異今且依此解之
寵之四方寵異之於四方也有罪者

我得而誅之無罪者我得而安之我
旣在此則天下何敢有過越其心志
而作亂者乎衡行謂作亂也孟子釋
書意如此而言武王亦大勇也
今王亦一怒而安天下之民民惟恐王
之不好勇也
王若能如文武之爲則天下之民望
其一怒以除暴亂而拯己於水火之

中惟恐王之不好勇耳○此章言人
君能懲小忿則能恤小事大以交鄰
國能養大勇則能除暴救民以安天
下張敬夫曰小勇者血氣之怒也大
勇者理義之怒也血氣之怒不可有
理義之怒不可無知此則可以見性
情之正而識天理人欲之分矣
齊宣王見孟子於雪宮王曰賢者亦有

此樂乎孟子對曰有人不得則非其上
矣
樂音洛下同○雪宮離宮名言人君
能與民同樂則人皆有此樂不然則
下之不得此樂者必有非其君上之
心明人君當與民同樂不可使人有
不得者非但當與賢者共之而已也
不得而非其上者非也爲民上而不與

民同樂者亦非也

下不安分上不恤民皆非理也

樂民之樂者民亦樂其樂憂民之憂者民亦憂其憂樂以天下憂以天下然而不王者未之有也

樂民之樂而民樂其樂則樂以天下矣憂民之憂而民憂其憂則憂以天下矣

昔者齊景公問於晏子曰吾欲觀於轉附朝儛遵海而南放于琅邪吾何脩而可以比於先王觀也

朝音潮放上聲○晏子齊臣名嬰轉附朝儛皆山名也遵循也放至也琅邪齊東南境上邑名觀遊也

晏子對曰善哉問也天子適諸侯曰巡狩巡狩者巡所守也諸侯朝於天子曰

述職述職者述所職也無非事者春省
耕而補不足秋省斂而助不給夏諺曰
吾王不遊吾何以休吾王不豫吾何以
助一遊一豫爲諸侯度
狩舒救反省悉井反○述陳也省視
也斂收穫也給亦足也夏諺夏時之
俗語也豫樂也巡所守巡行諸侯所
守之土也述所職陳其所受之職也

皆無有無事而空行者而又春秋循行郊野察民之所不足而補助之故夏諺以爲王者一遊一豫皆有恩惠以及民而諸侯皆取法焉不敢無事慢遊以病其民也

今也不然師行而糧食飢者弗食勞者弗息睊睊胥讒民乃作慝方命虐民飲食若流流連荒亡爲諸侯憂

睊古縣反○今謂晏子時也師衆也
千二百五十人爲師春秋傳曰君行師
從糧謂糗糒之屬睊睊側目貌胥相
也讒謗也慝怨惡也言民不勝其勞
而起謗怨也方逆也命王命也若流
如水之流無窮極也流連荒亡解見
下文諸侯謂附庸之國縣邑之長
從流下而忘反謂之流從流上而忘反

謂之連從獸無厭謂之荒樂酒無厭謂之亡

厭平聲○此釋上文之義也從流下謂放舟隨水而下從流上謂挽舟逆水而上從獸田獵也荒廢也樂酒以飲酒爲樂也亡猶失也言廢時失事也

先王無流連之樂荒亡之行

行去聲
惟君所行也
言先王之法令時之弊二者惟在君
所行耳
景公說大戒於國出舍於郊於是始興
發補不足召太師曰爲我作君臣相說
之樂蓋徵招角招是也其詩曰畜君何
尤畜君者好君也

説音悅爲去聲樂如字徵陟里反招與韶同畜敕六反○戒告命也出舍自責以省民也興發發倉廩也太師樂官也君臣已與晏子也樂有五聲三曰角爲民四曰徵爲事招舜樂也其詩徵招角招之詩也尤過也言晏子能畜止其君之欲宜爲君之所尤然其心則何過哉孟子釋之以爲臣

能畜止其君之欲乃是愛其君者也

○尹氏曰君之與民貴賤雖不同然其心未始有異也孟子之言可謂深切矣齊王不能推而用之惜哉

齊宣王問曰人皆謂我毀明堂毀諸已乎

趙氏曰明堂太山明堂周天子東巡守朝諸侯之處漢時遺址尚在人欲

毀之者蓋以天子不復巡守諸侯又不當居之也王問當毀之乎且止乎

孟子對曰夫明堂者王者之堂也王欲行王政則勿毀之矣

夫音扶○明堂王者所居以出政令之所也能行王政則亦可以王矣何必毀哉

王曰王政可得聞與對曰昔者文王之

治岐也耕者九一仕者世祿關市譏而
不征澤梁無禁罪人不孥老而無妻曰
鰥老而無夫曰寡老而無子曰獨幼而
無父曰孤此四者天下之窮民而無告
者文王發政施仁必先斯四者詩云哿
矣富人哀此煢獨
與平聲孥音奴鰥姑頑反哿工可反
煢音瓊 ○岐周之舊國也九一者井

田之制也方一里爲一井其田九百畝中畫井字界爲九區一區之中爲田百畝中百畝爲公田外八百畝爲私田八家各受私田百畝而同養公田是九分而稅其一也世祿者先王之世仕者之子孫皆教之教之而成材則官之如不足用亦使之不失其祿蓋其先世嘗有功德於民故報之

如此忠厚之至也關謂道路之關市
謂都邑之市譏察也征稅也關市之
吏察異服異言之人而不征商賈之
稅也澤謂瀦水梁謂魚梁與民同利
不設禁也孥妻子也惡惡止其身不
及妻子也先王養民之政導其妻子
使之養其老而恤其幼不幸而有鰥
寡孤獨之人無父母妻子之養則尤

宜憐恤故必以爲先也詩小雅正月
之篇哿可也惸困悴貌
王曰善哉言乎曰王如善之則何爲不
行王曰寡人有疾寡人好貨對曰昔者
公劉好貨詩云乃積乃倉乃裹餱糧于
橐于囊思戢用光弓矢斯張干戈戚揚
爰方啓行故居者有積倉行者有裹糧
也然後可以爰方啓行王如好貨與百

姓同之於王何有
餱音侯橐音托戢詩作輯音集○王
自以爲好貨故取民無制而不能行
此王政公劉后稷之曾孫也詩大雅
公劉之篇積露積也餱乾糧也無底
曰橐有底曰囊皆所以盛餱糧也戢
安集也言思安集其民人以光大其
國家也戚斧也揚鉞也爰於也啓行

言往遷于豳也何有言不難也孟子
言公劉之民富足如此此是公劉好貨
而能推己之心以及民也今王好貨
亦能如此則其於王天下也何難之
有
王曰寡人有疾寡人好色對曰昔者大
王好色愛厥妃詩云古公亶甫來朝走
馬率西水滸至于岐下爰及姜女聿來

胥宇當是時也内無怨女外無曠夫王
如好色與百姓同之於王何有
大音泰○王又言此者好色則心志
蠱惑用度奢侈而不能行王政也大
王公劉九世孫詩大雅綿之篇也古
公大王之本號後乃追尊爲大王也
亶父大王名也來朝走馬避狄人之
難也率循也滸水厓也岐下岐山之

下也姜女大王之妃也胥相也宇居
也曠空也無怨曠者是大王好色而
能推己之心以及民也○楊氏曰孟
子與人君言皆所以擴充其善心而
格其非心不止就事論事若使爲人
臣者論事每如此豈不能堯舜其君
乎愚謂此篇自首章至此大意皆同
蓋鍾鼓苑囿遊觀之樂與夫好勇好

貨好色之心皆天理之所有而人情之所不能無者然天理人欲同行異情循理而公於天下者聖賢之所以盡其性也縱欲而私於一己者衆人之所以滅其天也二者之間不能以髮而其是非得失之歸相去遠矣故孟子因時君之問而剖析於幾微之際皆所以遏人欲而存天理其法似

疏而實密其事似易而實難學者以
身體之則有以識其非曲學阿世之
言而知所以克己復禮之端矣
孟子謂齊宣王曰王之臣有託其妻子
於其友而之楚遊者比其反也則凍餒
其妻子則如之何王曰棄之
比必二反○託寄也比及也棄絕也
曰士師不能治士則如之何王曰已之

士師獄官也其屬有鄉士遂士之官
士師皆當治之已罷去也

曰四境之內不治則如之何王顧左右
而言他

治去聲○孟子將問此而先設上二
事以發之及此而王不能答也其憚
於自責恥於下問如此不足與有為
可知矣○趙氏曰言君臣上下各勤

其任無墮其職乃安其身
孟子見齊宣王曰所謂故國者非謂有
喬木之謂也有世臣之謂也王無親臣
矣昔者所進今日不知其亡也
世臣累世勳舊之臣與國同休戚者
也親臣君所親信之臣與君同休戚
者也此言喬木世臣皆故國所宜有
然所以爲故國者則在此而不在彼

也昨日所進用之人今日有亡去而
不知者則無親臣矣況世臣乎
王曰吾何以識其不才而舍之
舍上聲○王意以爲此亡去者皆不
才之人我初不知而誤用之故今不
以其去爲意耳因問何以先識其不
才而舍之耶
曰國君進賢如不得已將使卑踰尊疏

踰戚可不慎與

與平聲○如不得已言謹之至也蓋尊尊親親禮之常也然或尊者親者未必賢則必進䟽遠之賢而用之是使卑者踰尊䟽者踰戚非禮之常故不可不謹也

左右皆曰賢未可也諸大夫皆曰賢未可也國人皆曰賢然後察之見賢焉然

後用之左右皆曰不可勿聽諸大夫皆曰不可勿聽國人皆曰不可然後察之見不可焉然後去之

去上聲○左右近臣其言固未可信諸大夫之言宜可信矣然猶恐其蔽於私也至於國人則其論公矣然猶必察之者蓋人有同俗而爲衆所悅者亦有特立而爲俗所憎者故必自

察之而親見其賢否之實然後從而
用舍之則於賢者知之深任之重而
不才者不得以幸進矣所謂進賢如
不得已者如此
左右皆曰可殺勿聽諸大夫皆曰可殺
勿聽國人皆曰可殺然後察之見可殺
焉然後殺之故曰國人殺之也
此言非獨以此進退人才至於用刑

亦以此道蓋所謂天命天討皆非人

君之所得私也

如此然後可以爲民父母

傳曰民之所好好之民之所惡惡之

此謂民之父母

齊宣王問曰湯放桀武王伐紂有諸孟

子對曰於傳有之

傳直戀反。放置也書云成湯放桀

于南巢

曰臣弒其君可乎

桀紂天子湯武諸侯

曰賊仁者謂之賊賊義者謂之殘殘賊之人謂之一夫聞誅一夫紂矣未聞弒君也

賊害也殘傷也害仁者凶暴淫虐滅絕天理故謂之賊害義者顛倒錯亂

傷敗彝倫故謂之殘一夫言衆叛親
離不復以爲君也書曰獨夫紂蓋四
海歸之則爲天子天下叛之則爲獨
夫所以深警齊王垂戒後世也○王
勉曰斯言也惟在下者有湯武之仁
而在上者有桀紂之暴則可不然是
未免於簒弑之罪也

孟子見齊宣王曰爲巨室則必使工師

求大木工師得大木則王喜以爲能勝其任也匠人斲而小之則王怒以爲不勝其任矣夫人幼而學之壯而欲行之王曰姑舍女所學而從我則何如

勝平聲夫音扶舍上聲女音汝下同

○巨室大宮也工師匠人之長匠人衆工人也姑且也言賢人所學者大而王欲小之也

今有璞玉於此雖萬鎰必使玉人彫琢之至於治國家則曰姑舍女所學而從我則何以異於教玉人彫琢玉哉

鎰音溢○璞玉之在石中者鎰二十兩也玉人玉工也不敢自治而付之能者愛之甚也治國家則徇私欲而不任賢是愛國家不如愛玉也○范氏曰古之賢者常患人君不能行其

所學而世之庸君亦常患賢者不能
從其所好是以君臣相遇自古以爲
難孔孟終身而不遇蓋以此耳

齊人伐燕勝之

按史記燕王噲讓國於其相子之而
國大亂齊因伐之燕士卒不戰城門
不閉遂大勝燕

宣王問曰或謂寡人勿取或謂寡人取

之以萬乘之國伐萬乘之國五旬而舉
之人力不至於此不取必有天殃取之
何如
乘去聲下同○以伐燕爲宣王事與
史記諸書不同已見序說
孟子對曰取之而燕民悅則取之古之
人有行之者武王是也取之而燕民不
悅則勿取古之人有行之者文王是也

商紂之世文王三分天下有其二以
服事商至武王十三年乃伐紂而有
天下張子曰此事間不容髮一日之
間天命未絶則是君臣當日命絶則
爲獨夫然命之絶否何以知之人情
而已諸侯不期而會者八百武王安
得而止之哉
以萬乘之國伐萬乘之國簞食壺漿以

迎王師豈有他哉避水火也如水益深
如火益熱亦運而已矣
簞音丹食音嗣○簞竹器食飯也運
轉也言齊若更爲暴虐則民將轉而
望救於他人矣○趙氏曰征伐之道
當順民心民心悅則天意得矣
齊人伐燕取之諸侯將謀救燕宣王曰
諸侯多謀伐寡人者何以待之孟子對

曰臣聞七十里爲政於天下者湯是也
未聞以千里畏人者也
千里畏人指齊王也
書曰湯一征自葛始天下信之東面而征西夷怨南面而征北狄怨曰奚爲後我民望之若大旱之望雲霓也歸市者不止耕者不變誅其君而弔其民若時雨降民大悅書曰徯我后后來其蘇

霓五稽反徯胡禮反○兩引書皆商書仲虺之誥文也與今書文亦小異一征初征也天下信之信其志在救民不爲暴也奚爲後我言湯何爲不先來征我之國也霓虹也雲合則雨虹見則止變動也徯待也后君也蘇復生也他國之民皆以湯爲我君而待其來使巳得蘇息也此言湯之所

以七十里而為政於天下也
今燕虐其民王往而征之民以為將拯
己於水火之中也簞食壺漿以迎王師
若殺其父兄係累其子弟毀其宗廟遷
其重器如之何其可也天下固畏齊之
彊也今又倍地而不行仁政是動天下
之兵也
累力追反○拯救也係累縶縛也重

器寶器也畏忌也倍地并燕而增一倍之地也齊之取燕若能如湯之征葛則燕人悅之而齊可爲政於天下矣今乃不行仁政而肆爲殘虐則無以慰燕民之望而服諸侯之心是以不免乎以千里而畏人也

王速出令反其旄倪止其重器謀於燕衆置君而後去之則猶可及止也

旄與耄同倪五稽反○反還也旄老
人也倪小兒也謂所虜略之老小也
猶尚也及止及其未發而止之也○
范氏曰孟子事齊梁之君論道德則
必稱堯舜論征伐則必稱湯武蓋治
民不法堯舜則是爲暴行師不法湯
武則是爲亂豈可謂吾君不能而舍
所學以徇之哉

鄒與魯閧穆公問曰吾有司死者三十三人而民莫之死也誅之則不可勝誅不誅則疾視其長上之死而不救如之何則可也

閧胡弄反勝平聲長上聲下同○閧鬭聲也穆公鄒君也不可勝誅言人衆不可盡誅也長上謂有司也民怨其上故疾視其死而不救也

孟子對曰凶年飢歲君之民老弱轉乎溝壑壯者散而之四方者幾千人矣而君之倉廩實府庫充有司莫以告是上慢而殘下也曾子曰戒之戒之出乎爾者反乎爾者也夫民今而後得反之也君無尤焉

幾上聲夫音扶○轉飢餓輾轉而死也充滿也上謂君及有司也尤過也

君行仁政斯民親其上死其長矣
君不仁而求富是以有司知重斂而
不知恤民故君行仁政則有司皆愛
其民而民亦愛之矣○范氏曰書曰
民惟邦本本固邦寧有倉廩府庫所
以爲民也豐年則斂之凶年則散之
恤其飢寒救其疾苦是以民親愛其
上有危難則赴救之如子弟之衛父

兄手足之捍頭目也穆公不能反己
猶欲歸罪於民豈不誤哉
滕文公問曰滕小國也間於齊楚事齊
乎事楚乎
間去聲。滕國名
孟子對曰是謀非吾所能及也無已則
有一焉鑿斯池也築斯城也與民守之
效死而民弗去則是可爲也

無已見前篇一謂一說也效猶致也
國君死社稷故致死以守國至於民
亦爲之死守而不去則非有以深得
其心者不能也○此章言有國者當
守義而愛民不可僥倖而苟免
滕文公問曰齊人將築薛吾甚恐如之
何則可
薛國名近滕齊取其地而城之故文

公以其偪已而恐也
孟子對曰昔者大王居邠狄人侵之去
之岐山之下居焉非擇而取之不得巳
也
邠與豳同○邠地名言大王非以岐
下爲善擇取而居之也詳見下章
苟爲善後世子孫必有王者矣君子創
業垂統爲可繼也若夫成功則天也君

如彼何哉彊爲善而已矣

夫音扶彊上聲○創造統緒也言能爲善則如大王雖失其地而其後世遂有天下乃天理也然君子造基業於前而垂統緒於後但能不失其正令後世可繼續而行耳若夫成功則豈可必乎彼齊也君之力既無如之何則但彊於爲善使其可繼而俟命

於天耳○此章言人君但當竭力於
其所當爲不可徼幸於其所難必
滕文公問曰滕小國也竭力以事大國
則不得免焉如之何則可孟子對曰昔
者大王居邠狄人侵之事之以皮幣不
得免焉事之以犬馬不得免焉事之以
珠玉不得免焉乃屬其耆老而告之曰
狄人之所欲者吾土地也吾聞之也君

子不以其所以養人者害人二三子何患乎無君我將去之去邠踰梁山邑于岐山之下居焉邠人曰仁人也不可失也從之者如歸市

屬音燭○皮謂虎豹麋鹿之皮也幣帛也屬會集也土地本生物以養人今爭地而殺人是以其所以養人者害人也邑作邑也歸市人衆而爭先

也

或曰世守也非身之所能爲也效死勿去

又言或謂土地乃先人所受而世守之者非已所能專但當致死守之不可舍去此國君死社稷之常法傳所謂國滅君死之正也正謂此也

君請擇於斯二者

能如大王則避之不能則謹守常法蓋遷國以圖存者權也守正而俟死者義也審己量力擇而處之可也。楊氏曰孟子之於文公始告之以效死而已禮之正也至其甚恐則以大王之事告之非得已也然無大王之德而去則民或不從而遂至於亡則又不若效死之爲愈故又請擇於斯二者又曰孟子所論自世俗觀之則可謂無謀矣然理之可爲者不過如此舍此則必爲儀秦之爲矣凡事求可功求成取必於智謀之末而不循天理之正者非聖賢之道也

魯平公將出嬖人臧倉者請曰他日君出則必命有司所之今乘輿已駕矣有司未知所之敢請公曰將見孟子曰何

哉君所爲輕身以先於匹夫者以爲賢乎禮義由賢者出而孟子之後喪踰前喪君無見焉公曰諾

乘去聲○乘輿君車也駕駕馬也孟子前喪父後喪母踰過也言其厚母薄父也諾應辭也

樂正子入見曰君奚爲不見孟軻也曰或告寡人曰孟子之後喪踰前喪是以

不往見也曰何哉君所謂踰者前以士
後以大夫前以三鼎而後以五鼎與曰
否謂棺槨衣衾之美也曰非所謂踰也
貧富不同也
入見之見音現與平聲○樂正子孟
子弟子也仕於魯三鼎士祭禮五鼎
大夫祭禮
樂正子見孟子曰克告於君君爲來見

也嬖人有臧倉者沮君君是以不果來
也曰行或使之止或尼之行止非人所
能也吾之不遇魯侯天也臧氏之子焉
能使予不遇哉
爲去聲沮慈呂反尼女乙反焉於虔
反○克樂正子名沮尼皆止之之意
也言人之行必有人使之者其止必
有人尼之者然其所以行所以止則

固有天命而非此人所能使亦非此
人所能尼也然則我之不遇豈臧倉
之所能爲哉○此章言聖賢之出處
關時運之盛衰乃天命之所爲非人
力之可及

孟子卷第二

孟子卷第三　　朱熹集注

公孫丑章句上

凡九章

公孫丑問曰夫子當路於齊管仲晏子之功可復許乎

復扶又反○公孫丑孟子弟子齊人也當路居要地也管仲齊大夫名夷吾相威公霸諸侯許猶期也孟子未

嘗得政丑蓋設辭以問也

孟子曰子誠齊人也知管仲晏子而已矣

齊人但知其國有二子而已不復知

有聖賢之事

或問乎曾西曰吾子與子路孰賢曾西

蹵然曰吾先子之所畏也曰然則吾子

與管仲孰賢曾西艴然不悅曰爾何曾

比予於管仲管仲得君如彼其專也行

乎國政如彼其久也功烈如彼其卑也
爾何曾比予於是
蹵子六反艴音拂又音勃曾並音增
○孟子引曾西與或人問答如此曾
西曾子之孫蹵不安貌先子曾子也
艴怒色也曾之言則也烈猶光也威
公獨任管仲四十餘年是專且久也
管仲不知王道而行霸術故言功烈

之卑也。楊氏曰孔子言子路之才曰
千乘之國可使治其賦也使其見於
施爲如是而已其於九合諸侯一正
天下固有所不逮也然則曾西推尊
子路如此而羞比管仲者何哉譬之
御者子路則範我馳驅而不獲者也
管仲之功詭遇而獲禽耳曾西仲尼
之徒也故不道管仲之事

曰管仲曾西之所不爲也而子爲我願之乎

子爲之爲去聲○曰孟子言也願望也

曰管仲以其君霸晏子以其君顯管仲晏子猶不足爲與

與平聲○顯顯名也

曰以齊王由反手也

王去聲由猶通○反手言易也
曰若是則弟子之惑滋甚且以文王之
德百年而後崩猶未洽於天下武王周
公繼之然後大行今言王若易然則文
王不足法與
易去聲下同與平聲○滋益也文王
九十七而崩言百年舉成數也文王
三分天下才有其二武王克商乃有

天下周公相成王制禮作樂然後教
化大行

曰文王何可當也由湯至於武丁賢聖
之君六七作天下歸殷久矣久則難變
也武丁朝諸侯有天下猶運之掌也紂
之去武丁未久也其故家遺俗流風善
政猶有存者又有微子微仲王子比干
箕子膠鬲皆賢人也相與輔相之故久

而後失之也尺地莫非其有也一民莫非其臣也然而文王猶方百里起是以難也

朝音潮萬音𨻶又音歷輔相之相去聲猶方之猶與由通○當猶敵也商自成湯至於武丁中間太甲太戊祖乙盤庚皆賢聖之君作起也自武丁至紂凡九世故家舊臣之家也

齊人有言曰雖有智慧不如乘勢雖有鎡基不如待時今時則易然也

鎡音茲○鎡基田器也時謂耕種之時

夏后殷周之盛地未有過千里者也而齊有其地矣雞鳴狗吠相聞而達乎四境而齊有其民矣地不改辟矣民不改聚矣行仁政而王莫之能禦也

辟與闢同。此言其勢之易也三代
盛時王畿不過千里今齊已有之異
於文王之百里又雞犬之聲相聞自
國都以至于四境言民居稠密也
且王者之不作未有疏於此時者也民
之憔悴於虐政未有甚於此時者也飢
者易爲食渴者易爲飲
此言其時之易也自文武至此七百

餘年異於商之賢聖繼作民苦虐政
之甚異於紂之猶有善政易爲飲食
言飢渴之甚不待甘美也
孔子曰德之流行速於置郵而傳命
郵音尤○置驛也郵馹也所以傳命
也孟子引孔子之言如此
當今之時萬乘之國行仁政民之悅之
猶解倒懸也故事半古之人功必倍之

惟此時爲然
乘去聲○倒懸諭困苦也所施之事半於古人而功倍於古人由時勢易而德行速也

公孫丑問曰夫子加齊之卿相得行道焉雖由此霸王不異矣如此則動心否乎孟子曰否我四十不動心

相去聲○此承上章又設問孟子若

得位而行道則雖由此而成霸王之業亦不足怪任大責重如此亦有所恐懼疑惑而動其心乎四十彊仕君子道明德立之時孔子四十而不惑亦不動心之謂

曰若是則夫子過孟賁遠矣曰是不難告子先我不動心

賁音奔○孟賁勇士告子名不害孟

賁血氣之勇丑蓋借之以贊孟子不動心之難孟子言告子未爲知道乃能先我不動心則此亦未足爲難也

曰不動心有道乎曰有

程子曰心有主則能不動矣

北宮黝之養勇也不膚撓不目逃思以一豪挫於人若撻之於市朝不受於褐寬博亦不受於萬乘之君視刺萬乘之

君若刺褐夫無嚴諸侯惡聲至必反之
黝伊糾反撓奴效反朝音潮乘去聲
○北宮姓黝名膚撓肌膚被刺而撓
屈也目逃目被刺而轉睛逃避也挫
猶辱也褐毛布寬博寬大之衣賤者
之服也不受者不受其挫也刺殺也
嚴畏憚也言無可畏憚之諸侯也黝
蓋刺客之流以必勝爲主而不動心

者也
孟施舍之所養勇也曰視不勝猶勝也
量敵而後進慮勝而後會是畏三軍者
也舍豈能爲必勝哉能無懼而已矣
舍去聲下同○孟姓施發語聲舍名
也會合戰也舍自言其戰雖不勝亦
無所懼若量敵慮勝而後進戰則是
無勇而畏三軍矣舍蓋力戰之士以

無懼爲主而不動心者也
孟施舍似曾子北宮黝似子夏夫二子
之勇未知其孰賢然而孟施舍守約也
夫音扶○黝務敵人舍專守己子夏
篤信聖人曾子反求諸己故二子之
與曾子子夏雖非等倫然論其氣象
則各有所似賢猶勝也約要也言論
二子之勇則未知誰勝論其所守則

舍比於黜爲得其要也
昔者曾子謂子襄曰子好勇乎吾嘗聞大勇於夫子矣自反而不縮雖褐寬博吾不惴焉自反而縮雖千萬人吾往矣
好去聲惴之瑞反○此言曾子之勇也子襄曾子弟子也夫子孔子也縮直也檀弓曰古者冠縮縫今也衡縫又曰棺束縮二衡三惴恐懼之也往

往而敵之也

孟施舍之守氣又不如曾子之守約也

言孟施舍雖似曾子然其所守乃一
身之氣又不如曾子之反身循理所
守尤得其要也孟子之不動心其原
蓋出於此下文詳之

曰敢問夫子之不動心與告子之不動
心可得聞與告子曰不得於言勿求於

心不得於心勿求於氣不得於心勿求
於氣可不得於言勿求於心不可夫志
氣之帥也氣體之充也夫志至焉氣次
焉故曰持其志無暴其氣
聞與之與平聲夫志之夫音扶○此
一節公孫丑之問孟子誦告子之言
又斷以己意而告之也告子謂於言
有所不達則當舍置其言而不必反

求其理於心於心有所不安則當力制其心而不必更求其助於氣此所以固守其心而不動之速也孟子既誦其言而斷之曰彼謂不得於心而勿求諸氣者急於本而緩其末猶之可也謂不得於言而不求諸心則既失於外而遂遺其內其不可也必矣然凡曰可者亦僅可而有所未盡之

詞耳若論其極則志固心之所之而
爲氣之將帥然氣亦人之所以充滿
於身而爲志之卒徒者也故志固爲
至極而氣即次之人固當敬守其志
然亦不可不致養其氣蓋其內外本
末交相培養此則孟子之心所以未
嘗必其不動而自然不動之大略也
既曰志至焉氣次焉又曰持其志無暴

其氣者何也曰志壹則動氣氣壹則動
志也今夫蹶者趨者是氣也而反動其
心
夫音扶。公孫丑見孟子言志至而
氣次故問如此則專持其志可矣又
言無暴其氣何也壹專一也蹶顛躓
也趨走也孟子言志之所向專一則
氣固從之然氣之所在專一則志亦

反爲之動如人顛躓趨走則氣專在
是而反動其心焉所以旣持其志而
又必無暴其氣也。程子曰志動氣
者什九氣動志者什一

敢問夫子惡乎長曰我知言我善養吾
浩然之氣

惡平聲。公孫丑復問孟子之不動
心所以異於告子如此者有何所長

而能然而孟子又詳告之以其故也知言者盡心知性於凡天下之言無不有以究極其理而識其是非得失之所以然也浩然盛大流行之貌氣即所謂體之充者本自浩然失養故餒惟孟子爲善養之以復其初也蓋惟知言則有以明夫道義而於天下之事無所疑養氣則有以配夫道義

而於天下之事無所懼此其所以當
大任而不動心也告子之學與此正
相反其不動心殆亦冥然無覺悍然
不顧而已爾
敢問何謂浩然之氣曰難言也
孟子先言知言而丑先問氣者承上
文方論志氣而言也難言者蓋其心
所獨得而無形聲之驗有未易以言

語形容者故○程子曰觀此一言則
孟子之實有是氣可知矣
其爲氣也至大至剛以直養而無害則
塞于天地之間
至大初無限量至剛不可屈撓蓋天
地之正氣而人得以生者其體段本
如是也惟其自反而縮則得其所養
而又無所作爲以害之則其本體不

虧而充塞無閒矣○程子曰天人一
也更不分別浩然之氣乃吾氣也養
而無害則塞乎天地一爲私意所蔽
則欿然而餒知其小也○謝氏曰浩
然之氣須於心得其正時識取又曰
浩然是無虧欠時
其爲氣也配義與道無是餒也
餒奴罪反○配者合而有助之意義

者人心之裁制道者天理之自然餒
飢乏之而氣不充體也言人能養成此
氣則其氣合乎義道而爲之助使其
行之勇決無所疑憚若無此氣則其
一時所爲雖未必不出於道義然其
體有所不充則亦不免於疑懼而不
足以有爲矣
是集義所生者非義襲而取之也行有

不慊於心則餒矣我故曰告子未嘗知
義以其外之也
慊口簟反又口劫反○集義猶言積
善蓋欲事事皆合於義也襲掩取也
如齊侯襲莒之襲言氣雖可以配乎
道義而其養之之始乃由事皆合義
自反常直是以無所愧怍而此氣自
然發生於中非由只行一事偶合於

義便可掩襲於外而得之也慊快也
足也言所行一有不合於義而自反
不直則不足於心而其體有所不充
矣然則義豈在外哉告子不知此理
乃曰仁内義外而不復以義爲事則
必不能集義以生浩然之氣矣上文
不得於言勿求於心即外義之意詳
見告子上篇

必有事焉而勿正心勿忘勿助長也無若宋人然宋人有閔其苗之不長而揠之者芒芒然歸謂其人曰今日病矣予助苗長矣其子趨而往視之苗則槁矣天下之不助苗長者寡矣以爲無益而舍之者不耘苗者也助之長者揠苗者也非徒無益而又害之

長上聲揠烏八反舍上聲○必有事

焉而勿正趙氏程子以七字爲句近世或并下文心字讀之者亦通必有事焉有所事也如有事於顓臾之有事正預期也春秋傳曰戰不正勝是也如作正心義亦同此與大學之所謂正心者語意自不同也此言養氣者必以集義爲事而勿預期其效其或未充則但當勿忘其所有事而不

可作爲以助其長乃集義養氣之節度也閔憂也揠拔也芒芒無知之貌其人家人也病疲倦也舍之不耘者忘其所有事揠而助之長者正之不得而妄有作爲者也然不耘則失養而已揠則反以害之無是二者則氣得其養而無所害矣如告子不能集義而欲彊制其心則必不能免於正

助之病其於所謂浩然者蓋不惟不
善養而又反害之矣
何謂知言曰詖辭知其所蔽淫辭知其
所陷邪辭知其所離遁辭知其所窮生
於其心害於其政發於其政害於其事
聖人復起必從吾言矣
詖彼寄反復扶又反○此公孫丑復
問而孟子答之也詖偏陂也淫放蕩

也邪邪僻也遁逃避也四者相因言之病也蔽遮隔也陷沉溺也離叛去也窮困屈也四者亦相因則心之失也人之有言皆本於心其心明乎正理而無蔽然後其言平正通達而無病苟爲不然則必有是四者之病矣即其言之病而知其心之失又知其害於政事之決然而不可易者如此

非心通於道而無疑於天下之理其孰能之彼告子者不得於言而不肯求之於心至爲義外之說則自不免於四者之病其何以知天下之言而無所疑哉○程子曰心通乎道然後能辨是非如持權衡以較輕重孟子所謂知言是也又曰孟子知言正如人在堂上方能辨堂下人曲直若猶

未免雜於堂下衆人之中則不能辨
決矣
宰我子貢善爲說辭冉牛閔子顔淵善
言德行孔子兼之曰我於辭命則不能
也然則夫子旣聖矣乎
行去聲○此一節林氏以爲皆公孫
丑之問是也說辭言語也德行得於
心而見於行事者也三子善言德行

者身有之故言之親切而有味也公孫丑言數子各有所長而孔子兼之然猶自謂不能於辭命今孟子乃自謂我能知言又善養氣則是兼言語德行而有之然則豈不旣聖矣乎此夫子指孟子也○程子曰孔子自謂不能於辭命者欲使學者務本而已曰惡是何言也昔者子貢問於孔子曰

夫子聖矣乎孔子曰聖則吾不能我學
不厭而教不倦也子貢曰學不厭智也
教不倦仁也仁且智夫子既聖矣夫聖
孔子不居是何言也
惡平聲夫聖之夫音扶○惡驚歎辭
也昔者以下孟子不敢當丑之言而
引孔子子貢問答之辭以告之也此
夫子指孔子也學不厭者智之所以

自明教不倦者仁之所以及物再言是何言也以深拒之

昔者竊聞之子夏子游子張皆有聖人之一體冉牛閔子顔淵則具體而微敢問所安

此一節林氏亦以爲皆公孫丑之問是也一體猶一肢也具體而微謂有其全體但未廣大耳安處也公孫丑

復問孟子旣不敢比孔子則於此數
子欲何所處也
曰姑舍是
舍上聲○孟子言且置是者不欲以
數子所至者自處也
曰伯夷伊尹何如曰不同道非其君不
事非其民不使治則進亂則退伯夷也
何事非君何使非民治亦進亂亦進伊

尹也可以仕則仕可以止則止可以久
則久可以速則速孔子也皆古聖人也
吾未能有行焉乃所願則學孔子也
治去聲○伯夷孤竹君之長子兄弟
遜國避紂隱居聞文王之德而歸之
及武王伐紂去而餓死伊尹有莘之
處士湯聘而用之使之就桀桀不能
用復歸於湯如是者五乃相湯而伐

桀也三聖人事詳見此篇之末及萬
章下篇
伯夷伊尹於孔子若是班乎曰否自有
生民以來未有孔子也
班齊等之貌公孫丑問而孟子答之
以不同也
曰然則有同與曰有得百里之地而君
之皆能以朝諸侯有天下行一不義殺

一不辜而得天下皆不爲也是則同
與平聲朝音潮○有言有同也以百
里而王天下德之盛也行一不義殺
一不辜而得天下有所不爲心之正
也聖人之所以爲聖人其本根節目
之大者惟在於此於此不同則亦不
足以爲聖人矣
曰敢問其所以異曰宰我子貢有若智

足以知聖人汙不至阿其所好

汙音蛙好去聲○汙下也三子智足以知夫子之道假使汙下必不阿私所好而空譽之明其言之可信也

宰我曰以予觀於夫子賢於堯舜遠矣

程子曰語聖則不異事功則有異夫子賢於堯舜語事功也蓋堯舜治天下夫子又推其道以垂教萬世堯舜

之道非得孔子則後世亦何所據哉

子貢曰見其禮而知其政聞其樂而知其德由百世之後等百世之王莫之能違也自生民以來未有夫子也

言大凡見人之禮則可以知其政聞人之樂則可以知其德是以我從百世之後差等百世之王無有能遁其情者而見其皆莫若夫子之盛也

有若曰豈惟民哉麒麟之於走獸鳳凰之於飛鳥太山之於丘垤河海之於行潦類也聖人之於民亦類也出於其類拔乎其萃自生民以來未有盛於孔子也

垤大結反潦音老○麒麟毛蟲之長鳳凰羽蟲之長垤蟻封也行潦道上無源之水也出高出也拔特起也萃

聚也言自古聖人固皆異於衆人然
未有如孔子之尤盛者也○程子曰
孟子此章擴前聖所未發學者所宜
潛心而玩索也
孟子曰以力假仁者霸霸必有大國以
德行仁者王王不待大湯以七十里文
王以百里
力謂土地甲兵之力假仁者本無是

心而借其事以爲功者也霸若齊威
晉文是也以德行仁則自吾之得於
心者推之無適而非仁也
以力服人者非心服也力不贍也以德
服人者中心悅而誠服也如七十子之
服孔子也詩云自西自東自南自北無
思不服此之謂也
贍足也詩大雅文王有聲之篇王霸

之心誠僞不同故人所以應之者其不同亦如此○鄒氏曰以力服人者有意於服人而人不敢不服以德服人者無意於服人而人不能不服從古以來論王霸者多矣未有若此章之深切而著明也

孟子曰仁則榮不仁則辱今惡辱而居不仁是猶惡濕而居下也

惡去聲下同○好榮惡辱人之常情然徒惡之而不去其得之之道不能免也

如惡之莫如貴德而尊士賢者在位能者在職國家閒暇及是時明其政刑雖大國必畏之矣

閒音閑○此因其惡辱之情而進之以彊仁之事也貴德猶尚德也士則

指其人而言之賢有德者使之在位則足以正君而善俗能有才者使之在職則足以修政而立事國家閒暇可以有爲之時也詳味及字則惟曰不足之意可見矣

詩云迨天之未陰雨徹彼桑土綢繆牖户今此下民或敢侮予孔子曰爲此詩者其知道乎能治其國家誰敢侮之

徹直列反土音杜綢音稠繆武彪反

○詩豳風鴟鴞之篇周公之所作也迨及也徹取也桑土桑根之皮也綢繆纏綿補葺也牖戶巢之通氣出入處也予鳥自謂也言我之備患詳密如此今此在下之人或敢有侮予者乎周公以鳥之爲巢如此比君之爲國亦當思患而預防之孔子讀而贊

之以爲知道也
今國家閒暇及是時般樂怠敖是自求
禍也
般音盤樂音洛敖音傲○言其縱欲
偷安亦惟日不足也
禍福無不自己求之者
結上文之意
詩云永言配命自求多福太甲曰天作

孽猶可違自作孽不可活此之謂也

孽魚列反。○詩大雅文王之篇永長也言猶念也配合也命天命也此言福之自己求者太甲商書篇名孽禍也違避也活生也書作逭逭猶緩也此言禍之自己求者

孟子曰尊賢使能俊傑在位則天下之士皆悦而願立於其朝矣

朝音潮○俊傑才德之異於衆者
市廛而不征法而不廛則天下之商皆
悅而願藏於其市矣
廛市宅也張子曰或賦其市地之廛
而不征其貨或治之以市官之法而
不賦其廛蓋逐末者多則廛以抑之
少則不必廛也
關譏而不征則天下之旅皆悅而願出

於其路矣
觧見前篇
耕者助而不稅則天下之農皆悅而願
耕於其野矣
但使出力以助耕公田而不稅其私
田也
廛無夫里之布則天下之民皆悅而願
爲之氓矣

氓音盲○周禮宅不毛者有里布民無職事者出夫家之征鄭氏謂宅不種桑麻者罰之使出一里二十五家之布民無常業者罰之使出一夫百畝之稅一家力役之征也今戰國時一切取之市宅之民已賦其廛又令出此夫里之布非先王之法也氓民也

信能行此五者則鄰國之民仰之若父母矣率其子弟攻其父母自生民以來未有能濟者也如此則無敵於天下無敵於天下者天吏也然而不王者未之有也

呂氏曰奉行天命謂之天吏廢興存亡惟天所命不敢不從若湯武是也

○此章言能行王政則寇戎爲父子

不行王政則赤子爲仇讎

孟子曰人皆有不忍人之心

天地以生物爲心而所生之物因各得夫天地生物之心以爲心所以人皆有不忍人之心也

先王有不忍人之心斯有不忍人之政矣以不忍人之心行不忍人之政治天下可運之掌上

言衆人雖有不忍人之心然物欲害
之存焉者寡故不能察識而推之政
事之間惟聖人全體此心隨感而應
故其所行無非不忍人之政也
所以謂人皆有不忍人之心者今人乍
見孺子將入於井皆有怵惕惻隱之心
非所以內交於孺子之父母也非所以
要譽於鄉黨朋友也非惡其聲而然也

怵音黜内讀爲納要平聲惡去聲下同。乍猶忽也怵惕驚動貌惻傷之切也隱痛之深也此即所謂不忍人之心也内結要求聲名也言乍見之時便有此心隨見而發非由此三者而然也。程子曰滿腔子是惻隱之心。謝氏曰人須是識其眞心方乍見孺子入井之時其心怵惕乃眞心也

非思而得非勉而中天理之自然也
内交要譽惡其聲而然即人欲之私
矣
由是觀之無惻隱之心非人也無羞惡
之心非人也無辭讓之心非人也無是
非之心非人也
惡去聲下同○羞恥己之不善也惡
憎人之不善也辭解使去己也讓推

以與人也是知其善而以爲是也非知其惡而以爲非也人之所以爲心不外乎是四者故因論惻隱而悉數之言人若無此則不得謂之人所以明其必有也

惻隱之心仁之端也羞惡之心義之端也辭讓之心禮之端也是非之心智之端也

惻隱羞惡辭讓是非情也仁義禮智性也心統性情者也端緒也因其情之發而性之本然可得而見猶有物在中而緒見於外也

人之有是四端也猶其有四體也有是四端而自謂不能者自賊者也謂其君不能者賊其君者也

四體四支人之所必有者也自謂不

能者物欲蔽之耳
凡有四端於我者知皆擴而充之矣若
火之始然泉之始達苟能充之足以保
四海苟不充之不足以事父母
擴音廓○擴推廣之意充滿也四端
在我隨處發見知皆即此推廣而充
滿其本然之量則其日新又新將有
不能自已者矣能由此而遂充之則

四海雖遠亦吾度内無難保者不能充之則雖事之至近而不能矣〇此章所論人之性情心之體用本然全具而各有條理如此學者於此反求默識而擴充之則天之所以與我者可以無不盡矣〇程子曰人皆有是心惟君子爲能擴而充之不能然者皆自棄也然其充與不充亦在我而

已矣又曰四端不言信者旣有誠心爲四端則信在其中矣愚按四端之信猶五行之土無定位無成名無專氣而水火金木無不待是以生者故土於四行無不在於四時則寄王焉其理亦猶是也

孟子曰矢人豈不仁於函人哉矢人唯恐不傷人函人唯恐傷人巫匠亦然故

術不可不愼也

函音含○函甲也惻隱之心人皆有之是矢人之心本非不如函人之仁也巫者爲人祈祝利人之生匠者作爲棺槨利人之死

孔子曰里仁爲美擇不處仁焉得智夫仁天之尊爵也人之安宅也莫之禦而不仁是不智也

焉於虔反夫音扶○里有仁厚之俗
者猶以爲美人擇所以自處而不於
仁安得爲智乎此孔子之言也仁義
禮智皆天所與之良貴而仁者天地
生物之心得之最先而兼統四者所
謂元者善之長也故曰尊爵在人則
爲本心全體之德有天理自然之安
無人欲陷溺之危人當常在其中而

不可須臾離者也故曰安宅此又孟子釋孔子之意以爲仁道之大如此而自不爲之豈非不智之甚乎

不仁不智無禮無義人役也人役而恥爲役由弓人而恥爲弓矢人而恥爲矢也

由與猶通○以不仁故不智不智故不知禮義之所在

如恥之莫如爲仁

此亦因人愧恥之心而引之使志於仁也不言智禮義者仁該全體能爲仁則三者在其中矣

仁者如射射者正己而後發發而不中不怨勝己者反求諸己而已矣

中去聲○爲仁由己而由人乎哉

孟子曰子路人告之以有過則喜

喜其得聞而改之其勇於自修如此
周子曰仲由喜聞過令名無窮焉今
人有過不喜人規如諱疾而忌醫寧
滅其身而無悟也噫○程子曰子路
人告之以有過則喜亦可謂百世之
師矣

禹聞善言則拜

書曰禹拜昌言蓋不待有過而能屈

己以受天下之善也

大舜有大焉善與人同舍己從人樂取於人以爲善

舍上聲樂音洛○言舜之所爲又有大於禹與子路者善與人同公天下之善而不爲私也已未善則無所係吝而舍以從人人有善則不待勉彊而取之於己此善與人同之目也

自耕稼陶漁以至爲帝無非取於人者舜之側微耕于歷山陶于河濱漁于雷澤

取諸人以爲善是與人爲善者也故君子莫大乎與人爲善

與猶許也助也取彼之善而爲之於我則彼益勸於爲善矣是我助其爲善也能使天下之人皆勸於爲善君

子之善孰大於此。此章言聖賢樂善之誠初無彼此之間故其在人者有以裕於己在己者有以及於人

孟子曰伯夷非其君不事非其友不友不立於惡人之朝不與惡人言立於惡人之朝與惡人言如以朝衣朝冠坐於塗炭推惡惡之心思與鄉人立其冠不正望望然去之若將浼焉是故諸侯雖

有善其辭命而至者不受也不受也者是亦不屑就已

朝音潮惡惡上去聲下如字浼莫罪反。塗泥也鄉人鄉里之常人也望望去而不顧之貌浼汚也。屑趙氏曰絜也說文曰動作切切也不屑就言不以就之爲絜而切切於是也已語助辭柳下惠不羞汙君不卑小官進不隱賢必以其道遺佚而不怨阨窮而不憫故曰爾爲爾我爲我雖袒裼裸裎於我側爾焉能浼我哉故由由然與之偕而不自失焉援而止之而止援而止之而止者是亦不屑去已

佚音逸袒音但裼音錫裸魯果反裎音程焉能之焉於虔反 ○ 柳下惠魯

大夫展禽居柳下而謚惠也不隱賢不枉道也遺佚放棄也阨困也憫憂也爾爲爾至焉能浼我哉惠之言也袒裼露臂也裸裎露身也由由自得之貌偕並處也不自失不失其正也援而止之而止者言欲去而可留也

孟子曰伯夷隘柳下惠不恭隘與不恭君子不由也

隘狹窄也不恭簡慢也夷惠之行固皆造乎至極之地然既有所偏則不能無弊故不可由也

孟子卷第三